영어 필사, 인생의 문장들

영어 필사, 인생의 문장들
고전 명문 명언의 향기

고광윤 지음

Prologue
느린 시간의 힘을 믿습니다

'슬로우 미러클', 제가 좋아하는 단어입니다. 기적은 느리게 쌓인 시간 끝에 비로소 찾아온다고 믿기 때문입니다. 이 믿음은 저의 개인적인 경험에서 비롯되었습니다.

제 인생은 방황의 연속이었습니다. 어린 나이에 무슨 고민이 그리 많았는지, 휴학을 두 차례나 하며 4년을 다닌 끝에 중학교를 간신히 마칠 수 있었습니다. 고등학교는 부모님에 대한 죄책감에 정상적으로 다녔지만, 대학은 무려 세 번이나 휴학한 뒤에야 겨우 졸업할 수 있었지요. 군 입대가 아니면 휴학하는 일이 거의 없던 시절이었음에도 불구하고 말입니다. 어렵게 떠난 미국 유학 중에도 저의 방황은 계속되었습니다. 특히, 신학으로 전공을 바꾸어 볼까 하는 고민을 여러 차례 했었지요. 부끄러운 고백이지만, 성직에 대한 소명이나 신앙적인 열심 때문은 아니었습니다. 중도 포기에 대한 그 럴듯한 변명이 필요했었기 때문입니다.

방황하던 시절 제 마음은 늘 무거웠고 '나는 대체 어디로 가고 있는 걸까?' 하는 질문이 머릿속을 떠나지 않았습니다. 그렇게 삶의 본질과 방향에 대해 끊임없이 묻고 고민하던 어느 날, 니체를 만났습니다.

To live is to suffer; to survive is to find some meaning in the suffering.
산다는 것은 고통받는 것이다; 살아남는다는 것은 그 고통 속에서 의미를 찾는 것이다.

Out of life's school of war—What does not kill me makes me stronger.
전쟁터와도 같은 삶이라는 학교에서, 나를 죽이지 못하는 것은 나를 더욱 강하게 만든다.

— 프리드리히 니체, 《우상의 황혼》

이 두 문장은 마치 오랜 시간 저를 기다리고 있던 친구처럼 다가와 제 마음 깊숙한 곳을 건드렸습니다. 그때 이후로 제 안에서는 무언가가 조금씩 달라지기 시작했습니다. 삶의 고통을 견디는 힘이 생겼고, 고통 속에서 의미를 찾으려는 노력이 제 삶에 조용히 방향을 부여하기 시작했습니다. 그리고 니체의 말은 헤밍웨이의 문장과 깊이 연결되면서 제 삶을 이끄는 등불이 되었습니다.

The world breaks everyone, and afterward, some are strong at the broken places.
세상은 모든 사람을 부순다. 그런데 그 후에 어떤 사람들은 그 부서진 곳에서 강해진다.
— 어니스트 헤밍웨이, 《무기여 잘 있거라》

그때는 몰랐지만, 그 문장들이 제 마음에 씨앗처럼 심겨져 조용히 자라났고 제 삶을 서서히 바꾸고 있었습니다. 그래서인지 40대에 접어들 무렵에는 저를 오랫동안 괴롭혀 온 허무감이 조금씩 줄어들었고, 삶의 방향성과

목표 의식도 점점 더 뚜렷해졌습니다.

지난날을 찬찬히 되돌아봅니다. 제 인생의 중요한 순간마다 그 바탕에 책 읽기가 있었음을 깨닫습니다. 오랫동안 저를 방황하게 한 것도 책 읽기였고, 그 속에서 저를 성장시킨 것도 책 읽기였습니다. 넘어졌을 때 다시 일어설 수 있었던 것도, 끝까지 포기하지 않고 앞으로 계속 나아갈 수 있었던 것도, 오늘날의 저를 만든 것도 모두 책 읽기의 힘이었습니다. 오랜 세월 사람들의 마음을 움직여 온 문장들이 책 읽기를 통해 제 안에 차곡차곡 쌓였고, 마침내 제 삶을 기적으로 이끌었다고 믿습니다.

...

우리는 늘 많은 글을 접하지만, 그중에 마음 깊이 새겨지는 문장은 드뭅니다. 삶의 어느 한순간, 문장 하나가 불쑥 내 안에 들어와 마음을 붙잡고, 생각을 멈추게 하며, 탄성을 자아내게 합니다. 그때 우리는 알게 되지요.

'아, 이 문장이 나에게 무언가를 말하고 있구나!'

이런 문장들을 온전히 내 것으로 만드는 가장 좋은 방법은 손으로 느리게 쓰는 것입니다. 단순히 눈으로 읽는 것을 넘어, 손으로 한 글자 한 글자 써내려가며 천천히, 그리고 깊이 생각하면서 그 문장을 오롯이 내 것으로 만드는 것이지요. 필사는 단순한 쓰기가 아닙니다. 집중과 몰입, 사색과 성찰, 치유와 회복, 성장과 변화가 함께 이루어지는 아주 특별한 과정입니다.

. . .

어렸을 때부터 책을 좋아하긴 했지만, 영어영문학을 공부하고 가르치는 일을 하다 보니 고전 속에서 좋은 글을 발견하는 순간이 더 많아졌습니다. 젊은 시절 오랜 방황을 거치며 좋은 글이 지닌 힘을 직접 체험했기에 그 감동을 더 많은 사람과 나누고 싶었습니다. 무엇이든 빠르게 결과를 보고 싶어 하는 세상에서 '슬로우 미러클'이라는 이름으로 영어책 읽기 모임을 시작한 이유도 바로 그 때문입니다.

이 책에는 오랜 세월에 걸쳐 사람들에게 말을 건네 온, 평범치 않은 문장들이 담겨 있습니다. 하나하나가 마음을 울리는 문장입니다. 그 문장들이 여러분에게도 살며시 말을 건네길 바랍니다. 그 문장들을 천천히 읽고 손으로 써 내려가는 느린 시간 속에서 깊은 깨달음을 마주하시길 바랍니다. 그리고 그 느린 시간의 여정 끝에 찾아오는 기적을 꼭 경험하시길 바랍니다.

슬로우 미러클
고광윤 드림

이 책의 영어 문장은 이렇게 선정했습니다

1단계 대학 시절부터 꾸준히 모아 두었던 명문장들을 모두 꺼내 살피면서 다음 네 가지 기준에 부합되는 것들을 골라냈습니다.

- 삶의 지혜와 깊은 통찰이 담겨 있는 문장
- 누구나 깊이 공감하고 감동을 느낄 수 있는 문장
- 글의 품격을 느낄 수 있는 아름답고 유려한 문장
- 지나치게 어렵지 않아 해설을 참고하면 누구나 쉽게 이해할 수 있는 문장

2단계 추려낸 문장들을 우리 모두의 고민이라 할 수 있는 다음 세 가지 주제에 따라 분류한 뒤, 그중 울림이 가장 큰 문장들만을 다시 가려 뽑았습니다.

- 나: 무엇이 나를 '나'로 만드는가? (내면의 대화, 나의 발견)
- 관계: 너와 나, 그리고 우리 (가족, 친구, 동료, 이웃, 적)
- 삶: 어떻게 살 것인가? (삶, 일, 사회, 세상, 죽음)

3단계 이렇게 엄선한 문장들을 원전에서 다시 찾아, 내용과 출처의 정확성을 확인한 뒤 모두 우리말로 옮겼습니다.

4단계 최종 선정된 문장들이 각 유형 안에서 하나의 스토리처럼 자연스럽게 이어지도록 배열했습니다.

번역은 이렇게 했습니다

이 책에 담긴 영어 원문의 우리말 번역은 제가 직접 한 것입니다. 많은 관련 도서와 자료를 참고했지만, 마음에 쏙 드는 좋은 번역을 찾기가 어려웠기 때문입니다. 제 목표는 시종일관 원문의 메시지와 감동을 손상시키지 않는 충실한 번역, 직관적이며 감각적으로 읽히는 글이 되도록 하는 것이었습니다. 나아가 그 자체로 반복하여 필사하고 가슴 깊이 새기고 싶은, 품격 높은 글이 되도록 하는 것이었습니다. 따라서 영어 원문뿐 아니라 우리말 번역도 함께 정성 들여 필사하고 낭독하면 더욱 큰 효과를 얻게 될 것입니다.

Table of Contents

느린 시간의 힘을 믿습니다   004
이 책의 영어 문장은 이렇게 선정했습니다   010
번역은 이렇게 했습니다   011

Part 1.
무엇이 나를 '나'로 만드는가?
내면의 대화, 나의 발견

001 | 당신은 당신이다 – 프리드리히 니체, 오스카 와일드   022
002 | 나로 존재하기 – 앙드레 지드, 랠프 월도 에머슨   024
003 | 타인의 시선 – 프리드리히 니체   026
004 | 자유로운 나, 소중한 나 – 샬럿 브론테   028
005 | 나는 내가 지킨다 – 임마누엘 칸트, 르네 데카르트   030
006 | 고통과 혼란 속에서 – 헤르만 헤세, 프리드리히 니체   032
007 | 부서지고 깨진 후 – 어니스트 헤밍웨이, 프리드리히 니체   034
008 | 내 안의 꺾이지 않는 힘 – 알베르 카뮈   036
009 | 괴물과 맞서 싸울 때는 – 프리드리히 니체   038
010 | 얼마나 작고 무력한 존재인가 – 마르쿠스 아우렐리우스   040
011 | 운명을 사랑하라 – 프리드리히 니체, 마르쿠스 아우렐리우스   042
012 | 사슬에 묶인 존재 – 장자크 루소, 스콧 피츠제럴드   044
013 | 지금은 질문을 살아갈 때 – 라이너 마리아 릴케   046
014 | 모든 것은 지나간다 – 라이너 마리아 릴케, A. A. 밀른   048
015 | 왜 걱정하는가 – 샨티데바, 마태복음   050
016 | 버리고 비워라 – 법정 스님   052
017 | 변화는 먼저 나로부터 – 레프 톨스토이, 루미   054

018	진정한 강자 – 노자	056
019	기도는 약함의 인정 – 마하트마 간디	058
020	이렇게 기도하라 – 라빈드라나드 타고르	060
021	운명은 믿음에서 시작된다 – 마하트마 간디	064
022	소망을 넘어 행동으로 – 찰스 디킨스	066
023	모든 것은 마음에서 – 윌리엄 셰익스피어, 잠언	068
024	내 삶의 빛깔은 내가 선택한다 – L. M. 몽고메리, 허먼 멜빌	070
025	미래의 세 가지 이름 – 빅토르 위고	072
026	진정한 용기란 – 프랭클린 D. 루스벨트, 하퍼 리	074
027	용기는 이미 당신 안에 있다 – L. 프랭크 바움	076
028	잃고 나서야 알게 되는 행복 – 표도르 도스토옙스키, 아르투어 쇼펜하우어	078
029	지금 가진 것에 감사하라 – 마르쿠스 아우렐리우스	080
030	행복은 내 안에 – 아르투르 쇼펜하우어, 장자크 루소	082
031	행복은 당신의 생각과 행동에서 – 데일 카네기, 마하트마 간디	084
032	작은 것들이 주는 행복 – 프리드리히 니체	086
033	아무것도 하지 않는 행복 – A. A. 밀른	088
034	아름다움의 가치 – 빅토르 위고, 앙투안 드 생텍쥐페리	090
035	기쁨과 슬픔 – 칼릴 지브란	092
036	어린아이의 마음 잃지 않기 – 앙투안 드 생텍쥐페리, 맹자, 조지 버나드 쇼	094
037	배움을 멈추지 마라 – 알베르트 아인슈타인, 헨리 포드	096
038	책이 지닌 가치와 의미 – 찰스 윌리엄 엘리엇, 르네 데카르트	098
039	단연코, 책 – 제인 오스틴	100
040	책을 읽는 세 가지 방법 – 프랜시스 베이컨	102
041	정말 좋은 책은 – C. S. 루이스, 로버트슨 데이비스	104
042	다 반짝이는 것은 아니다 – J. R. R. Tolkien	106
043	온통 햇빛뿐이라면 – 헨리 반 다이크	110
044	젊음은 마음의 상태 – 새뮤얼 울먼	114

Part 2.

너와 나, 그리고 우리

가족, 친구, 이웃, 동료, 적

045 ｜ 소인배를 멀리하라 – 마크 트웨인	122
046 ｜ 사람을 대할 때 기억할 것 – 데일 카네기	124
047 ｜ 화가 치밀 때 기억할 것 – 앰브로즈 비어스, 잠언	126
048 ｜ 최고의 선택은 싸우지 않는 것 – 알베르트 아인슈타인, 미야모토 무사시	128
049 ｜ 최고의 승리는 – 손자	130
050 ｜ 최고의 복수 – 오스카 와일드, 마르쿠스 아우렐리우스	132
051 ｜ 용서하라 – 마하트마 간디, 볼테르	134
052 ｜ 친절하라, 항상 – 이언 맥라렌, R. J. 팔라시오	136
053 ｜ 작은 친절의 가치와 큰 힘 – 찰스 디킨스, 레오 버스카글리아	138
054 ｜ 진정한 친구 – 엘버트 허버드, 월터 윈첼	140
055 ｜ 반쪽 사랑은 없다 – 제인 오스틴	142
056 ｜ 친구의 특권 – 찰스 램, 랠프 월도 에머슨	144
057 ｜ 사랑은 같은 곳을 보는 것 – 앙투안 드 생텍쥐페리, 신영복	146
058 ｜ 사랑은 양보 그리고 배려 – A. A. 밀른	148
059 ｜ 있는 그대로 사랑하라 – 레프 톨스토이, 윌리엄 포크너	150
060 ｜ 사랑은… – 고린도전서	152
061 ｜ 사랑받는 기쁨과 행복 – 샬럿 브론테, 빅토르 위고	154
062 ｜ 사랑하는 것으로 충분하다 – 알베르 카뮈, 빅토르 위고	156
063 ｜ 사랑하면 영혼에 별이 뜬다 – 빅토르 위고	158
064 ｜ 사랑할 때 우리는 – 윌리엄 셰익스피어	160
065 ｜ 멈출 수 없는 사랑 – 라이너 마리아 릴케	162
066 ｜ 사랑은 상처 받는 일 – C. S. 루이스	166

067 | 불행한 결혼 – 레프 톨스토이, 프리드리히 니체　　　　　　　　　　*170*
068 | 함께 또 따로 – 칼릴 지브란　　　　　　　　　　　　　　　　　*172*
069 | 아이들은 당신의 소유가 아니다 – 칼릴 지브란　　　　　　　　　*178*
070 | 진정한 교육이란 – 알베르트 아인슈타인, W. B. 예이츠, 순자　　*182*
071 | 지식보다 상상력 – 알베르트 아인슈타인　　　　　　　　　　　 *184*
072 | 이런 아들을 주소서 – 더글러스 맥아더　　　　　　　　　　　　*186*

Part 3.

어떻게 살 것인가?

삶, 일, 사회, 세상, 죽음

073 | 꿈을 꽉 잡으세요 – 랭스턴 휴스　　　　　　　　　　　　　　 *200*
074 | 가지 않은 길 – 로버트 프로스트　　　　　　　　　　　　　　　*204*
075 | 열심보다 방향 – 디트리히 본회퍼, 세네카　　　　　　　　　　 *206*
076 | 삶은 길이보다 깊이 – 에이브러햄 링컨, 랠프 월도 에머슨　　　 *208*
077 | 행복은 지금, 바로 이곳에 – 월트 휘트먼, 제인 오스틴　　　　　*210*
078 | 행복해지는 법 – 로버트 G. 잉거솔　　　　　　　　　　　　　　*212*
079 | 오늘, 지금 누려야 할 선물 – 호라티우스, 앨리스 모스 얼　　　 *214*
080 | 당신은 어디에 살고 있나요? – 노자　　　　　　　　　　　　　 *216*
081 | 삶으로 실천하지 않으면 – 마하트마 간디　　　　　　　　　　　*218*
082 | 20년 뒤에 후회할 일 – 마크 트웨인　　　　　　　　　　　　　 *220*
083 | 인생은 대담한 모험, 그리고 기적 – 알베르트 아인슈타인, 헬렌 켈러　*222*
084 | 결국 남는 후회들 – 루이스 캐럴　　　　　　　　　　　　　　　*224*
085 | 인생의 가장 큰 실수 – 엘버트 허버드, 조지 버나드 쇼　　　　　*226*
086 | 가장 나쁜 선택 – 시어도어 루스벨트　　　　　　　　　　　　　*228*

087 | 모든 순간은 배움의 기회 – 윌라 캐더, 크리스티 매튜슨　　　　　　　　*230*
088 | 중요한 것은 포기하지 않는 것 – 윈스턴 S. 처칠　　　　　　　　　　*232*
089 | 시련은 축복의 다른 이름 – 헨리 포드, 오스카 와일드　　　　　　　*234*
090 | 폭풍 후엔 반드시 평온함이 – 미겔 데 세르반테스 사아베드라　　　*236*
091 | 행복이 사라졌을 때 – 헬렌 켈러, 라빈드라나트 타고르　　　　　　*238*
092 | 내일은 새로운 날 – 마거릿 미첼, L. M. 몽고메리　　　　　　　　　*240*
093 | 삶은 반딧불, 숨결, 그림자 – 추장 크로우풋　　　　　　　　　　　*242*
094 | 잠시 멈추고 둘러보라 – 레프 톨스토이　　　　　　　　　　　　　*244*
095 | 바라볼 시간이 없다면 – 윌리엄 헨리 데이비스　　　　　　　　　　*246*
096 | 그냥 펼쳐지게 하라 – 라이너 마리아 릴케　　　　　　　　　　　　*252*
097 | 단순화하라 – 헨리 데이비드 소로　　　　　　　　　　　　　　　*256*
098 | 뺄 것이 없을 때까지 – 한스 호프만, 앙투안 드 생텍쥐페리　　　　*258*
099 | 사랑이 그대를 부르거든 – 칼릴 지브란　　　　　　　　　　　　　*260*
100 | 가장 좋은 것은 아직 오지 않았다 – 로버트 브라우닝　　　　　　　*262*
101 | 나의 간구는 이것뿐 – 에밀리 브론테　　　　　　　　　　　　　　*264*
102 | 울지 마세요 – 클레어 하너　　　　　　　　　　　　　　　　　　*268*
103 | 주여, 때가 되었습니다 – 라이너 마리아 릴케　　　　　　　　　　*272*
104 | 삶은 물물교환 – 사라 티즈데일　　　　　　　　　　　　　　　　*276*
105 | 그렇게 어두운 꿈은 아니랍니다 – 샬럿 브론테　　　　　　　　　　*280*
106 | 삶의 찬가 – 리젯 우드워스 리스　　　　　　　　　　　　　　　　*284*
107 | 매일 아침, 살아 있음의 축복 – 마르쿠스 아우렐리우스, 랠프 월도 에머슨　*288*
108 | 아침이 주는 설렘 – J. B. 프리스틀리　　　　　　　　　　　　　　*290*
109 | 세상은 무대, 우리는 배우 – 윌리엄 셰익스피어　　　　　　　　　*292*
110 | 살아야 할 이유가 있다면 – 표도르 도스토옙스키, 프리드리히 니체　*294*
111 | 기다려라, 희망을 가져라 – 레프 톨스토이, 알렉상드르 뒤마　　　*296*
112 | 희망이란 – 에밀리 디킨슨　　　　　　　　　　　　　　　　　　*298*
113 | 슬퍼하거나 화내지 마세요 – 알렉산드르 푸쉬킨　　　　　　　　　*302*

114 | 상반된 삶이 공존하던 시대 - 찰스 디킨스　　　　　　　　　　　　*306*
115 | 무지의 해악과 위험성 - 알베르 카뮈, 마틴 루터 킹 주니어　　　　*310*
116 | 침묵시켜서는 안 될 소수의 목소리 - 존 스튜어트 밀　　　　　　*312*
117 | 불의 앞의 중립은 - 데스몬드 투투, 단테 알리기에리　　　　　　*314*
118 | 행동하지 않는 죄 - 존 스튜어트 밀　　　　　　　　　　　　　*316*
119 | 악을 보고 아무것도 하지 않는다면 - 로버트 K. 허드넛　　　　　*318*
120 | 자유와 평등을 위한 꿈 - 마틴 루터 킹 주니어　　　　　　　　　*320*
121 | 평화의 기도 - 성 프란치스코　　　　　　　　　　　　　　　　*324*

Part 1.

무엇이 나를 '나'로 만드는가?

내면의 대화, 나의 발견

무엇이 나를 '나'로 만드는가?

세상이 눈을 뜨는 어스름한 새벽녘, 그때 혹시 거울을 마주한 적이 있나요? 고요한 눈빛 속 어딘가에 서 있는 낯선 존재를 발견한 순간, 우리는 묻게 됩니다. '나는 누구인가?' 이 질문의 의미는 단지 철학적 사유에 그치지 않습니다. 우리 삶의 방향과 모습을 결정짓는 매우 중요한 질문이기 때문입니다.

니체는 말했습니다. 너는 너 자신이 되어야 한다고. 진정한 '나'는, 세상이 정해준 틀을 깨고 나와 스스로 찾아가야 하는 존재입니다. 나를 나답게 만드는 것은 외모도, 소유도, 지위도 아닙니다. 마음속의 목소리를 듣고 그 소리를 따라가려는 용기입니다.

살다 보면 우리는 부서지기도 하고 길을 잃기도 합니다. 하지만 어떤 사람은 그 부서진 곳에서 더 강해집니다. 방황 속에서 더 단단해지고, 혼돈 속에서 더 깊어집니다. 스스로의 작음을 깨닫는 사람, 자신을 소중히 여길 줄 아는 사람, 작은 것에 감사할 줄 아는 사람, 남이 아니라 자신을 먼저 바꾸려 노력하는 사람, 알 수 없는 미래를 기회로 여기는 사람. 이들은 모두 자기 자신과 진지하게 마주해 본 사람들입니다.

다른 사람과의 대화도 중요하지만 그보다 더 우선해야 할 대화가 있습니다. 바로 자기 자신과의 대화, 내면의 소리에 귀 기울이는 일입니다. 무엇에 기뻐하고 무엇에 감동하는지, 어떤 때 분노하고 또 어떤 때 슬퍼하는지, 무엇이 나를 진정으로 행복하게 만드는지, 진심으로 내가 원하는 것은 무엇인지…. 이런 질문들에 귀를 기울이다 보면, '나'라는 존재가 조금씩 선명해집니다.

이 책의 첫 번째 장은 그런 '나'를 만나기 위한 여정입니다. 자신을 들여다보게 해줄 문장들을 천천히 따라 써 보세요. 손끝에서 시작된 조용한 시간이, 여러분 안의 목소리를 점점 또렷하게 만들어줄 것입니다. 그리고 그 목소리가 말해줄 겁니다. 당신은 당신 자신이 되어야 한다고. 이 첫 번째 여정을 마칠 즈음 당신만의 '나'를 꼭 만나게 되시길 바랍니다.

001 | 당신은 당신이다

What does your conscience say?
'You shall become the person you are.'
— Friedrich Nietzsche, *The Gay Science*

당신의 양심은 무엇이라 말하는가?
'너는 너 자신이 되어야 한다.'
— 프리드리히 니체, 《즐거운 학문》

Be yourself; everyone else is already taken.
— Oscar Wilde

당신 자신이 되세요. 다른 사람들은 모두 누군가가 이미 차지했으니까요.
— 오스카 와일드

---

conscience 양심 | **shall** ~해야 한다; ~하게 되리라('명령, 의무, 운명적 필연'을 나타내는 조동사) | **the person you are** 진정한 너, 진짜로 너인 사람 | **gay** 명랑한, 즐거운 | **science** 과학; 학문 | **take** 차지하다, 장악하다

002 | 나로 존재하기

It is better to be hated for what you are
than to be loved for what you are not.
— Andre Gide, *Autumn Leaves*

당신이 아닌 모습으로 사랑받는 것보다,
당신 그대로의 모습으로 미움받는 것이 더 낫습니다.
— 앙드레 지드, 《가을의 낙엽》

To be yourself in a world that is constantly trying to make you something else is the greatest accomplishment.
— Ralph Waldo Emerson

당신을 끊임없이 다른 무언가로 만들려는 세상 속에서
당신 자신으로 존재하는 것은 가장 위대한 성취입니다.
— 랠프 월도 에머슨

---

what you are 당신의 진정한 모습 | **what you are not** 당신이 아닌 모습 | **constantly** 끊임없이, 변함없이, 늘 | **accomplishment** 업적, 성취

003 | 타인의 시선

The higher we soar, the smaller we appear to those who cannot fly.
— Friedrich Nietzsche, *Thus Spoke Zarathustra*

높이 날아오를수록, 우리는 날지 못하는 이들에게 더 작게 보인다.
— 프리드리히 니체, 《차라투스트라는 이렇게 말했다》

Those who were seen dancing were thought to be insane by those who could not hear the music.
— Friedrich Nietzsche

춤추고 있던 사람들은 음악을 들을 수 없는 사람들에게 미쳤다고 생각되었다.
— 프리드리히 니체

---

soar (하늘 높이) 날아오르다, 날다 | those who were seen dancing 문자적인 해석은 '춤추는 것이 목격된 사람들' | insane 미친, 제정신이 아닌

004 | 자유로운 나, 소중한 나

I am no bird; and no net ensnares me;
I am a free human being with an independent will.

I care for myself. The more solitary, the more friendless, the more unsustained I am, the more I will respect myself.
— Charlotte Brontë, *Jane Eyre*

나는 새가 아닙니다. 그 어떤 그물도 나를 잡아 둘 수 없어요.
나는 독립적인 의지를 가진 자유로운 인간이니까요.

나는 나 자신을 소중히 여깁니다. 고독할수록, 친구가 없을수록,
의지할 곳이 없을수록, 나는 나 스스로를 더욱 존중할 것입니다.
— 샬럿 브론테, 《제인 에어》

ensnare (동물을) 덫이나 올가미로 잡다 | independent 독립적인, 독립심이 강한, (남에게) 의지하지 않는 | will 의지 | care for ~를 보살피다, 소중히 여기다 | solitary 외로운, 고독한; 혼자(만)의 | unsustained 지지[후원]를 받지 못한

005 | 나는 내가 지킨다

One who makes himself a worm cannot complain afterwards
if people step on him.
— Immanuel Kant

자기 스스로를 벌레로 만든 자는 사람들이 짓밟는다 해도
나중에 불평할 수 없다.
— 임마누엘 칸트

Whenever anyone has offended me,
I try to raise my soul so high that the offense cannot reach it.
— René Descartes

나는 누군가가 나의 감정을 상하게 할 때마다
그 불쾌한 행위가 닿지 못하도록 내 영혼을 높이 올리려고 노력한다.
— 르네 데카르트

---

worm 벌레; 벌레 같은 인간 | afterwards 나중에, 그 뒤에 | step on ~을 (짓)밟다 | offend 감정을 상하게 하다, 불쾌하게 하다 | offense 감정 해침, 모욕; 불쾌한 짓, 기분을 해치는 것

006 | 고통과 혼란 속에서

The bird fights its way out of the egg. The egg is the world.
Who would be born must first destroy a world.
— Hermann Hesse, *Demian*

새는 몸부림치며 알에서 빠져나온다. 알은 세계이다.
태어나려는 자는 먼저 하나의 세계를 파괴해야만 한다.
— 헤르만 헤세, 《데미안》

You must have chaos within you to give birth to a dancing star.
— Friedrich Nietzsche, *Thus Spoke Zarathustra*

당신 안에 혼돈을 지녀야만 춤추는 별을 낳을 수 있습니다.
— 프리드리히 니체, 《차라투스트라는 이렇게 말했다》

---

fight its way out of 싸우면서 ~의 밖으로 나오다, ~의 밖으로 나오려 투쟁한다 | **destroy** 파괴하다 | **chaos** 혼돈, 혼란 | **give birth to** ~을 낳다, ~을 일으키다

007 | 부서지고 깨진 후

The world breaks everyone,
and afterward, some are strong at the broken places.
— Ernest Hemingway, *A Farewell to Arms*

세상은 모든 사람을 부순다.
그런데 그 후에 어떤 사람들은 그 부서진 곳에서 강해진다.
— 어니스트 헤밍웨이, 《무기여 잘 있거라》

Out of life's school of war—
What does not kill me makes me stronger.
— Friedrich Nietzsche, *Twilight of the Idols*

전쟁터와도 같은 삶이라는 학교에서,
나를 죽이지 못하는 것은 나를 더욱 강하게 만든다.
— 프리드리히 니체, 《우상의 황혼》

---

afterward (그) 후에, 나중에 | what (~하는) 것[일], (~하는) 무엇이든 | farewell 안녕!, 작별(인사) | twilight 황혼, 땅거미; 쇠퇴기, 황혼기 | idol 우상

008 | 내 안의 꺾이지 않는 힘

In the depth of winter, I finally learned that within me there lay an invincible summer. And that makes me happy. For it says that no matter how hard the world pushes against me, within me, there's something stronger—something better, pushing right back.

— Albert Camus, *Return to Tipasa*

겨울의 가장 깊은 곳에서, 마침내 나는 내 안에 누구도 꺾을 수 없는 여름이 있다는 것을 알게 되었다. 그리고 그것이 나를 행복하게 만든다. 왜냐하면 그것은, 세상이 나를 아무리 강하게 밀어붙여도, 그에 맞서 밀어내는 더 강하고 더 나은 무언가가 내 안에 있다는 것을 의미하기 때문이다.

— 알베르 카뮈, 《티파사로의 귀환》

---

depth 가장 깊은[깊숙한] 곳, 한없이 깊은 곳, 심연 | **invincible** 정복할 수 없는, 아무도 꺾을[이길] 수 없는 | **for** 왜냐하면 ~이기 때문에 | **no matter how hard** 아무리 강하게 ~해도 | **push against** (~에 대항하여) 밀다, 대항하다 | **push back** (~에 맞서) 밀어내다, 반격하다

009 | 괴물과 맞서 싸울 때는

Whoever fights monsters should see to it that in the process he does not become a monster. And if you gaze long enough into an abyss, the abyss will gaze back into you.

— Friedrich Nietzsche, *Beyond Good and Evil*

괴물과 싸우는 자는 그 과정에서 자신이 괴물이 되지 않도록 주의해야 한다. 심연을 너무 오래 들여다보면 그 심연 또한 당신을 들여다볼 것이다.

— 프리드리히 니체, 《선악의 저편》

---

see to it that ~하도록 마음 쓰다, 조처하다, 꼭 ~하게 하다 | **process** 과정, 절차 | **gaze** 응시하다, 눈여겨보다 | **enough** 여기서는 '충분히'보다 '지나치게 (많이)'로 이해하는 게 좋다. | **abyss** 심연, 깊은 구렁, 거대한 (암흑의) 공간; 여기서는 '어둠, 혼돈, 허무, 절망' 등을 의미함 | **the abyss will gaze back into you** (심연과 너무 오래 마주하면) 그것이 우리에게 영향을 미쳐 우리도 결국 비슷하게 될 위험이 있다.

010 | 얼마나 작고 무력한 존재인가

Consider the vastness of the boundless universe.
How tiny and insignificant your part within it is!
Reflect on the infinite span of time.
How brief and fleeting the moment allotted to you is!
Contemplate the providence of fate.
How small and powerless you are within it!
— Marcus Aurelius, *Meditations*

한없이 펼쳐진 우주의 광대함을 생각해 보라.
그 안에서 당신이 차지하고 있는 부분은 얼마나 미미하고 하찮은가!
무한한 시간에 대해 곰곰이 생각해 보라.
당신에게 부여된 순간은 얼마나 짧고 덧없는가!
운명의 섭리를 깊이 숙고해 보라.
그 속에서 당신은 얼마나 작고 무력한 존재인가!
— 마르쿠스 아우렐리우스, 《명상록》

---

vastness 광활함 | **boundless** 무한한 | **insignificant** 보잘것없는 | **reflect on** ~에 대해 깊이 생각하다; 반성하다 | **infinite** 무한한, 끝없는 | **span** (어떤 일이 지속되는) 기간[시간] | **brief** 짧은, 잠시 동안의 | **fleeting** (시간, 인생 등이) 어느덧 지나가는; 덧없는 | **allot** 할당하다 | **contemplate** 심사숙고하다 | **providence** 섭리, 신의 뜻 | **meditations** 명상록 (cf. meditation 명상, 묵상)

011 | 운명을 사랑하라

Amor Fati—"Love Your Fate", which is in fact your life.
— Friedrich Nietzsche

아모르 파티—"당신의 운명을 사랑하라", 실제로 당신의 삶인 그것을.
— 프리드리히 니체

Accept the things to which fate binds you,
and love the people with whom fate brings you together,
but do so with all your heart.
— Marcus Aurelius, *Meditations*

운명이 당신을 묶어 놓은 것들을 받아들이고,
운명이 당신과 함께하게 한 사람들을 사랑하되,
온 마음을 다해 그렇게 하라.
— 마르쿠스 아우렐리우스, 《명상록》

---

amor (라틴어) 사랑 | **fati** (라틴어) 운명 | * Amor fati의 정확한 번역은 'love of fate'. 보통은 '삶이 가져다주는 모든 것을 받아들여라'라고 해석한다. | **bind** (약속, 의무 따위로) 묶다, 속박하다; ~에게 의무를 지우다 | **but** '그러나, 하지만'보다는 '동시에' 정도의 의미로 쓰여, 두 행위가 균형 있게 연결되어야 함을 나타내고 있다.

012 | 사슬에 묶인 존재

Man is born free, and everywhere he is in chains.
— Jean-Jacques Rousseau, *The Social Contract*

인간은 자유롭게 태어나지만, 어디서든 사슬에 묶여 살아간다.
— 장자크 루소, 《사회 계약론》

And so we beat on, boats against the current, borne back ceaselessly into the past.*
— F. Scott Fitzgerald, *The Great Gatsby*

그리고 우리는 그렇게 계속 나아간다. 물살을 거슬러 나아가는 배처럼, 끊임없이 과거로 떠밀려 가면서.
— F. 스콧 피츠제럴드, 《위대한 개츠비》

---

beat (바람이나 조류에 거슬러서 배가) 지그재그로 나아가다. 본래 beat는 '반복적이고 강한 움직임'을 의미하는데 여기서는 '보트들이 물의 흐름에 맞서 나아간다'는 뜻으로 쓰이고 있다. | **current** (물, 공기의) 흐름, 조류, 해류 | **borne** 동사 bear(나르다, 가지고 가다)의 과거(분사) | **ceaselessly** 끊임없이, 부단히 | *의미 해설: 우리는 무언가를 위해 계속 노력하고 발버둥치지만, 마치 세찬 물살을 거슬러 올라가는 배처럼, 시간, 운명, 사회적 압력 등에 부딪혀 앞으로 가기가 어렵고, 끊임없이 과거에 영향을 받으며 과거의 기억과 후회에 사로잡혀 살아간다.

013 | 지금은 질문을 살아갈 때

Be patient toward all that is unsolved in your heart and try to love the questions themselves, like locked rooms and like books that are now written in a very foreign tongue.

Do not now seek the answers, which cannot be given you because you would not be able to live them.* And the point is, to live everything.*

Live the questions now.* Perhaps you will then gradually, without noticing it, live along some distant day into the answer.

— Rainer Maria Rilke, *Letters to a Young Poet*

당신의 마음속에서 아직 풀리지 않은 모든 것에 대해 인내심을 가지세요. 그리고 그 질문들 자체를 사랑하려고 노력하세요. 마치 잠겨 있는 방이나 아주 낯선 언어로 쓰여 있는 책들처럼요.

지금은 답을 찾지 마세요. 그 답은 당신이 살아낼 수 없기 때문에 당신에게 주어질 수 없습니다. 중요한 것은 모든 것을 살아내는 것입니다.

지금은 질문을 살아가세요. 그러면 아마도 어느 먼 훗날 당신도 모르는 사이에 조금씩 답으로 나아가게 될 것입니다.

— 라이너 마리아 릴케, 《젊은 시인에게 보내는 편지》

---

patient 참을성 있는 | **unsolved** 해결되지[풀리지] 않은 | **foreign** 낯선; 이질적인 | **tongue** 언어 | **live** (생활 속에) 나타내다, 실행하다 | **point** 요점, (가장) 중요한 것 | **gradually** 점점, 서서히 | **notice** 알아채다, 인지하다 | ***you would not be able to live them** 질문에 대한 답을 진정으로 이해하거나 삶에 적용할 수 없을 것이다. | ***live everything** 즉시 답을 얻으려는 조급한 마음을 버리고 (기쁨, 슬픔, 고뇌, 고난 등) 삶의 모든 측면을 열린 마음으로 받아들이다. | ***Live the questions now.** 지금은 질문들과 함께 살아가라. 즉, 당장 명확한 답을 얻으려 하는 대신 질문을 탐구하고 성찰하며 그 과정을 통해 성장하라.

014 | 모든 것은 지나간다

Let everything happen to you.
Beauty and terror.
Just keep going.
No feeling is final.
— Rainer Maria Rilke, "Go to the Limits of Your Longing"

모든 것이 당신에게 일어나도록 허용하세요.
아름다움도 공포도.
그냥 계속 나아가세요.
그 어떤 감정도 영원하지 않습니다.
— 라이너 마리아 릴케, 〈갈망의 끝까지 가라〉

The nicest thing about the rain is that it always stops. Eventually.
— A. A. Milne

비가 정말 마음에 드는 점은 언제나, 결국에는 그친다는 것입니다.
— A. A. 밀른

---

terror (극심한) 두려움, 공포(심) | **final** 마지막의, (특정 과정상) 최종적인; 최후의 것 | **limit** 한계(점), 경계(선) | **longing** 갈망, 열망 | **eventually** 마침내(는), 결국

015 | 왜 걱정하는가

If you can solve your problem, then what is the need of worrying? If you cannot solve it, then what is the use of worrying?
— Shantideva (an 8th-century Indian Buddhist monk and philosopher)

문제를 해결할 수 있다면, 걱정할 필요가 없다. 만일 해결할 수 없다면, 걱정해도 소용이 없다. 그런데 왜 걱정하는가?
— 샨티데바 (8세기 인도의 불교 승려 및 철학자)

Therefore do not worry about tomorrow, for tomorrow will worry about itself. Each day has enough trouble of its own.
— Matthew 6:34 (NIV)

그러므로 내일 일을 위하여 염려하지 말라. 내일 일은 내일이 염려할 것이요, 한 날의 괴로움은 그날로 족하니라.
— 마태복음 6장 34절 (개역개정판)*

Buddhist 불교도(의) | monk 수도자, 수도승 | *우리말 부분은 영어 NIV(New International Version)의 번역이 아니라 개역개정판임

016 | 버리고 비워라

Letting go and emptying oneself is not a passive way of living, but a wise choice for life. Without letting go and clearing space within, nothing new can enter.

— Venerable Monk Beopjeong, *Letting Go and Departing*

버리고 비우는 것은 결코 소극적인 삶이 아니라 지혜로운 삶의 선택이다. 버리고 비우지 않고는 새것이 들어설 수 없다.

— 법정 스님, 《버리고 떠나기》

---

let go (붙잡고 있는 것을) 놓다, (감정, 기억 등을) 내려 놓다, 그만 붙잡고 있다, 버리다 | **empty** 비우다 | **passive** 수동적인, 소극적인 | **clear** (장소를) 깨끗하게 하다, 치우다 | **venerable** 존경할 만한, 덕망 있는; (첫 글자를 대문자로 써서) 불교에서 승려 이름 앞에 붙이는 존칭 | **depart** 떠나다, 출발하다

017 | 변화는 먼저 나로부터

Everyone thinks of changing the world,
but no one thinks of changing himself.
— Lev Tolstoy

모든 사람이 세상을 바꾸려고 하지만,
정작 자신을 바꾸려는 사람은 아무도 없다.
— 레프 톨스토이

Yesterday I was clever, so I wanted to change the world.
Today I am wise, so I am changing myself.
— Rumi

어제 저는 영리한 사람이었습니다. 그래서 세상을 바꾸고 싶었지요.
오늘 저는 현명한 사람입니다. 그래서 저 자신을 바꾸고 있습니다.
— 루미

---

clever 영리한 (빠르게 배우고 이해할 수 있는) | **wise** 지혜로운, 현명한 (경험과 지식을 바탕으로 합리적인 판단과 결정을 내릴 수 있는)

018 | 진정한 강자

He who conquers others is strong;
he who conquers himself is mighty.
— Lao Tzu, *Tao Te Ching*

남을 이기는 사람은 강하다.
하지만 자신을 이기는 사람이 진정한 강자이다.

— 노자, 《도덕경》

---

he who ~하는 사람 | **conquer** 정복하다, 이기다, 극복하다 | **mighty** 매우 강력한[힘센]; 장대한, 웅장한

019 | 기도는 약함의 인정

Prayer is not asking. It is a longing of the soul. It is daily admission of one's weakness. It is better in prayer to have a heart without words than words without a heart.
— Mahatma Gandhi

기도는 무언가를 달라고 요구하는 것이 아닙니다. 그것은 영혼의 갈망입니다. 그것은 자신의 약함을 날마다 인정하는 것입니다. 말없이 마음으로 기도하는 것이 마음 없이 말로 기도하는 것보다 낫습니다.
— 마하트마 간디

longing 갈망, 열망 | **admission** 인정, 시인, 고백

020 | 이렇게 기도하라

Let Me Not Pray
— Rabindranath Tagore

Let me not pray to be sheltered from dangers,
but to be fearless in facing them.
Let me not beg for the stilling of my pain,
but for the heart to conquer it.
Let me not look for allies in life's battlefield,
but to my own strength.
Let me not crave in anxious fear to be saved,
but hope for the patience to win my freedom.
Grant me that I may not be a coward, feeling your mercy
in my success alone;
but let me find the grasp of your hand in my failure.

shelter (비, 바람, 위험 등으로부터) 피할[쉴] 곳을 제공하다, 보호하다 | **fearless** 두려움을 모르는, 용감한 | **face** (위험 등에) 맞서다, 직면하다 | **still** 고요하게 하다, 진정시키다, 가라앉히다 | **heart** 용기, 내적인 힘, 열의 | **conquer** 정복하다, 이기다, 극복하다 | **ally** 동맹국, 자기편, (특히 정치적) 협력자 | **battlefield** 싸움터, 전장 | Let me not look for allies in life's battlefield, but to my own strength. 접속사 but과 전치사 to 사이에 look이 생략되었다. | **look to** ~에 의지하다, ~에게 (도움, 조언 등을) 구하다 | **crave** 갈망[열망]하다, 간청하다 | **anxious** 불안해하는, 염려하는 | **win** 얻다, 획득하다 | **grant** (소원 따위를) 들어주다; 승인하다, 허락하다 | **coward** 겁쟁이, 비겁자 | **mercy** 자비, 신의 은총

기도하지 않게 하소서

— 라빈드라나드 타고르

위험으로부터 보호해 달라고 기도하기보다는
위험에 용감히 맞설 수 있게 해 달라고 기도하게 하소서.
고통이 가라앉게 해 달라고 간구하기보다는
고통을 이겨낼 수 있는 용기를 구하게 하소서.
삶의 전쟁터에서 동맹을 찾기보다는
저 스스로가 가진 힘을 믿고 의지하게 하소서.
불안과 두려움 속에서 구원받기를 갈망하기보다는
자유를 쟁취할 수 있는 인내심을 소망하게 하소서.
성공 속에서만 당신의 은총을 느끼는 비겁자가 되지 않게 하시고
실패 속에서도 당신의 손 잡아주심을 깨닫게 하소서.

021 | 운명은 믿음에서 시작된다

Your beliefs become your thoughts.
Your thoughts become your words.
Your words become your actions.
Your actions become your habits.
Your habits become your values.
Your values become your destiny.
— Mahatma Gandhi

당신의 믿음은 당신의 생각이 되고,
당신의 생각은 당신의 말이 되며,
당신의 말은 당신의 행동이 되고,
당신의 행동은 당신의 습관이 됩니다.
당신의 습관은 당신의 가치관이 되고,
당신의 가치관은 당신의 운명이 됩니다.
— 마하트마 간디

values (복수형으로) 가치관 | **destiny** 운명, 숙명, 운명적인 일

022 | 소망을 넘어 행동으로

The most important thing in life is to stop saying "I wish" and start saying "I will." Consider nothing impossible, then treat possibilities as probabilities.
— Charles Dickens

삶에서 가장 중요한 것은 "그랬으면 좋겠다"라고 말하는 것을 멈추고 "그렇게 할 것이다"라고 말하기 시작하는 것입니다. 불가능한 것은 아무것도 없다고 생각하세요. 그리고 가능성을 확률로 취급하세요.
— 찰스 디킨스

---

wish (가능성이 낮거나 불가능한 일을 바라며) ~이면 좋겠다고 생각하다 | **probability** 확률, 개연성 있는 일
treat possibilities as probabilities 가능성을 (가능/불가능의 이분법적 개념이 아니라 어떤 사건이 일어날 가능성의 정도를 나타내는) 확률로 취급하다

023 | 모든 것은 마음에서

There is nothing either good or bad, but thinking makes it so.
— William Shakespeare, *Hamlet*

본래 좋은 것도 나쁜 것도 없다. 단지 생각이 그렇게 만들 뿐이다.
— 윌리엄 셰익스피어, 《햄릿》

Above all else, guard your heart, for everything you do flows from it.
— Proverbs 4:23 (NIV)

다른 모든 것에 앞서, 당신의 마음을 지키세요. 당신이 하는 모든 것이 그곳에서 나오기 때문입니다.
— 잠언 4:23 (NIV)

---

but 단지(only). but은 (접속사가 아니라) 부사로 쓰이고 있으며, 앞뒤 문장을 연결하는 접속사는 생략되어 있다. 셰익스피어 시대의 영어에서는 이런 접속사 생략이 빈번했다.

024 | 내 삶의 빛깔은 내가 선택한다

It's been my experience that you can nearly always enjoy things if you make up your mind firmly that you will.
— L. M. Montgomery, *Anne of Green Gables*

마음만 굳게 먹으면 거의 언제나 그 어떤 일도 즐길 수 있다는 것이 지금까지의 제 경험이었습니다.
— L. M. 몽고메리, 《빨간 머리 앤》

I know not all that may be coming,
but be it what it will, I'll go to it laughing.
— Herman Melville, *Moby-Dick*

앞으로 무슨 일이 닥쳐올지 모두 알 수는 없다.
하지만 그것이 무엇이든 간에 나는 웃으며 마주할 것이다.
— 허먼 멜빌, 《모비 딕》

---

things (삶 속의 다양한 경험과 환경, 상황을 포괄하는) 것들, 일들 | make up your mind 마음 먹다, 결심하다 | firmly 굳게, 단호히, 확고히 | gable 박공(측면이 삼각형으로 된 박공지붕의 양쪽 끝면에 'ㅅ' 자 모양으로 붙인 널빤지) | be it what it will 그것이 무엇이든 간에(= no matter what it is) | go to 다가가다, (문제 따위를) 다루다, (대담하게) 맞서다

025 | 미래의 세 가지 이름

The future has several names.
For the weak, it means the unattainable.
For the fearful, it means the unknown.
For the courageous, it means opportunity.
— Victor Hugo, *Les Misérables*

미래는 여러 이름을 가지고 있습니다.
약한 자에게는 성취할 수 없는 것,
두려워하는 자에게는 알 수 없는 것,
용감한 자에게는 기회를 의미합니다.
— 빅토르 위고, 《레미제라블》

---

unattainable 도달[성취]하기 어려운 | **unknown** 알려지지 않은, 미지의 | **courageous** 용기 있는, 용감한
opportunity 기회

026 | 진정한 용기란

Courage is not the absence of fear, but rather the judgment that something else is more important than fear.
— Franklin D. Roosevelt

용기는 두려움의 부재가 아닙니다. 두려움보다 다른 무언가가 더 중요하다고 판단하는 것입니다.
— 프랭클린 D. 루스벨트

Real courage is when you know you're licked before you begin, but you begin anyway and see it through no matter what.
— Harper Lee, To Kill a Mockingbird

진정한 용기란 이길 가능성이 거의 없다는 것을 시작 전에 이미 알고 있지만 그럼에도 시작하고, 무슨 일이 있어도 (옳다고 믿는 그 일을) 끝까지 해내는 것이다.
— 하퍼 리, 《앵무새 죽이기》

---

absence 결석, 부재, 없음, 결핍 | rather 차라리, 오히려, 그보다는 | judgment 판단, 평가 | Real courage is (seen) when 접속사 when 앞에 seen이 생략되었다고 보면 된다. | lick (적, 상대를) 이기다 | you're licked 문자적 의미는 '이미 패배한 상태이다'이지만, 문맥상 알맞은 해석은 '이길 가능성이 거의 없다'이다. | see through 끝까지 해내다 | no matter what 무슨 일이 있어도

027 | 용기는 이미 당신 안에 있다

You have plenty of courage, I am sure. All you need is confidence in yourself. There is no living thing that is not afraid when it faces danger. The true courage is in facing danger when you are afraid, and that kind of courage you have in plenty.

— L. Frank Baum, *The Wonderful Wizard of Oz*

당신은 분명 많은 용기를 가지고 있습니다. 당신에게 필요한 것은 자신에 대한 확신입니다. 위험에 직면했을 때 두려워하지 않는 생명체는 없습니다. 진정한 용기는 두려움을 느끼면서도 위험에 맞서는 것입니다. 그런 용기를 당신은 충분히 가지고 있습니다.

— L. 프랭크 바움, 《오즈의 마법사》

confidence 확신 | **face** (어떤 상황에) 직면하다 | **in plenty** 풍부하게, 충분히

028 | 잃고 나서야 알게 되는 행복

Man only likes to count his troubles; he doesn't calculate his happiness.
— Fyodor Dostoevsky, *Notes from Underground*

사람은 자신의 불행을 세는 것만 좋아하고 행복은 계산하지 않는다.
— 표도르 도스토옙스키, 《지하로부터의 수기》

We seldom think of what we have, but always of what we lack; and mostly it is loss which teaches us about the worth of things.
— Arthur Schopenhauer, *Parerga and Paralipomena*

우리는 우리가 가지고 있는 것은 좀처럼 생각하지 못하고 늘 우리에게 부족한 것만을 생각한다. 그리고 대부분은 잃고 나서야 그것의 가치를 깨닫게 된다.
— 아르투어 쇼펜하우어, 《소품과 부록》

---

trouble 걱정(거리), 괴로움, 불행 | **calculate** 계산하다, 셈하다 | **underground** 지하, 지하의 공간 | **seldom** 좀처럼 ~ 않게; 드물게 | **loss** 잃어버림, 상실 | **worth** 가치, 진가

029 | 지금 가진 것에 감사하라

Do not dream of possessing what you do not have. Rather, reflect on the blessings of what you do possess, and how much you would have missed them if they were not yours. But be careful not to cherish them so much that their loss would upset you deeply.

― Marcus Aurelius, *Meditations*

갖지 못한 것을 소유하려고 꿈꾸지 말라. 그보다는, 당신이 현재 가지고 있는 것들의 축복을 헤아려보고, 만일 그것들이 당신의 것이 아니었다면 얼마나 아쉬워했을지 생각해보라. 하지만 너무도 소중히 여긴 나머지, 그것들을 잃었을 때 크게 상심하는 일이 없도록 주의하라.

― 마르쿠스 아우렐리우스, 《명상록》

---

possess 소유하다, 가지다 | **rather** 오히려, 차라리, 대신에, 그보다는 | **reflect** 깊이[곰곰이] 생각하다, 심사숙고하다 | **miss** ~이 없는 것을 섭섭하게[아쉽게, 슬프게] 생각하다 | **cherish** 소중히 여기다, 아끼다 | **upset** 속상하게 만들다, 마음을 뒤흔들다

030 | 행복은 내 안에

It is difficult to find happiness within oneself,
but it is impossible to find it anywhere else.
— Arthur Schopenhauer, *Essays and Aphorisms*

우리 자신 안에서 행복을 찾는 것은 어렵다.
하지만 다른 곳에서 행복을 찾는 것은 아예 불가능하다.
— 아르투르 쇼펜하우어, 《에세이와 경구》

Why should we build our happiness on the opinions of others,
when we can find it in our own hearts?
— Jean-Jacques Rousseau, *The Social Contract and Discourses*

우리는 왜 우리의 행복을 다른 사람들의 생각에 의존해야 하는가?
우리 자신의 마음속에서 찾을 수 있는데.
— 장자크 루소, 《사회 계약론 및 담론》

---

aphorism 금언, 격언 | build (on) (~위에) 세우다, ~에 기초하다 | opinon 의견, 생각; 평가, 판단 | when ~인데도 불구하고 | contract 계약 | discourse 담화, 담론; 강의, 강연

031 | 행복은 당신의 생각과 행동에서

It isn't what you have or who you are or where you are or what you are doing that makes you happy or unhappy.*
It is what you think about it.
— Dale Carnegie, *How to Win Friends & Influence People*

당신의 행복과 불행을 결정하는 것은 당신이 무엇을 가졌는지, 어떤 사람인지, 어디에 있는지, 무슨 일을 하는지가 아니다. 그것은 당신이 그것들에 대해 어떤 생각을 갖고 있느냐이다.
— 데일 카네기, 《인간관계론》

Happiness is when what you think, what you say, and what you do are in harmony.
— Mahatma Gandhi

행복은 당신의 생각과 말, 그리고 행동이 조화를 이룰 때 찾아옵니다.
— 마하트마 간디

---

*가주어 It은 문장 끝의 that makes you happy or unhappy를 가리킨다. | **win** ~의 마음을 사로잡다, (호의, 우정, 동정 등을) 얻다 | **influence** 영향을 미치다 | **Happiness is when** ... is와 when 사이에 found나 achieved 같은 단어가 생략되어 있다고 보면 이해가 쉽다.

032 | 작은 것들이 주는 행복

As for happiness, how little suffices for happiness! The least thing precisely, the gentlest thing, the lightest thing, a lizard's rustling, a breath, a whisk, an eye glance—little makes up the best happiness. Be still.

— Friedrich Nietzsche, *Thus Spoke Zarathustra*

행복이란 것은 얼마나 작은 것으로도 충분한지! 바로 그 가장 작은 것, 가장 부드러운 것, 가장 가벼운 것, 도마뱀의 바스락거리는 소리, 숨결, 스치는 움직임, 눈길 하나—이 작은 것들이 최고의 행복을 이루는 것이다. 고요히 있으라.

— 프리드리히 니체, 《차라투스트라는 이렇게 말했다》

as for ~에 관해 말하자면 | suffice (필요, 목적 등에) 족하다, 충분하다 | precisely 바로, 꼭, 정확히 | rustle 바스락거리다, 사각거리다, 와삭거리다 | whisk 신속한 움직임, 민첩한 행동; 민첩하게[획] 움직이다 | glance 힐끗 봄, 일견 | make up ~을 이루다[형성하다/만들다] | still 가만히 있는, 고요한

033 | 아무것도 하지 않는 행복

What I like doing best is nothing—it means just going along, listening to all the things you can't hear, and not bothering. Sometimes, the smallest things take up the most room in your heart.

— A. A. Milne

내가 가장 좋아하는 일은 아무것도 하지 않는 것입니다—그냥 흘러가는 대로 따라가면서, 평소에는 들을 수 없는 모든 소리를 듣고, 다른 것은 신경 쓰지 않는 것이지요. 때로는 가장 작은 것들이 당신의 마음속에서 가장 많은 공간을 차지합니다.

— A. A. 밀른

---

go along 계속하다, 진행하다 (여기에서는 삶이 흘러가는 대로 따라가거나 상황을 있는 그대로 받아들이는 것을 의미함) | **bother** 신경 쓰다, 걱정하다 | **take up** (공간이나 시간 등을) 차지하다 | **room** (사람, 물건 따위가 차지하는) 장소, 공간

034 | 아름다움의 가치

The beautiful is as useful as the useful. Perhaps more so.
— Victor Hugo, *Les Misérables*

아름답다는 것은 쓸모 있다는 것만큼이나 유익하다네. 어쩌면 그 이상일지도 모르지.
— 빅토르 위고, 《레미제라블》

The most beautiful things in the world cannot be seen or touched, they are felt with the heart.
— Antoine de Saint-Exupéry, *The Little Prince*

세상에서 가장 아름다운 것들은 눈으로 보거나 손으로 만질 수 없어. 그것들은 마음으로 느끼는 거야.
— 앙투안 드 생텍쥐페리, 《어린 왕자》

---

the beautiful 아름다움, 아름다운 것들 | the useful 유용함, 쓸모 있음, 유용한 것들 | as useful as the useful 첫 번째 useful은 (두 번째 useful이 '실용적인 유용성'을 나타내는 것과 달리) 더 포괄적인 의미로 쓰여 '삶에서의 가치와 중요성'을 나타낸다.

035 | 기쁨과 슬픔

On Joy and Sorrow
— Kahlil Gibran

When you are joyous, look deep into your heart,
and you shall find it is only that which has given you sorrow
that is giving you joy.*
When you are sorrowful, look again in your heart,
and you shall see that in truth you are weeping for that
which has been your delight.

기쁨과 슬픔에 대하여
— 칼릴 지브란

기쁠 때 너의 마음속 깊은 곳을 들여다보라.
그러면 알게 되리라,
너에게 슬픔을 주었던 바로 그것이 지금 너에게 기쁨을 주고 있음을.
슬플 때 마음속을 다시 들여다보라.
그러면 깨닫게 되리라,
너에게 기쁨을 주었던 바로 그것 때문에 네가 울고 있음을.

---

joyous 아주 기뻐하는; 기쁨을 주는 | ***it is only that which has given you sorrow that is giving you joy** (1) it(가주어)이 가리키는 것은 문장 끝의 that is giving you joy (2) that(지시대명사)을 which has given you sorrow(관계사절)가 수식 (3) 자연스런 우리말 해석을 위해 주어(that is giving you joy)와 주격보어(that which has given you sorrow)를 바꾸어 번역함 | **sorrowful** 슬픈, 비탄에 잠긴 | **delight** 기쁨, 즐거움

036 | 어린아이의 마음 잃지 않기

All grown-ups were once children… but only a few of them remember it.
— Antoine de Saint-Exupéry, *The Little Prince*

모든 어른들은 한때 아이였지요. 하지만 그 사실을 기억하는 어른은 많지 않죠.
— 앙투안 드 생텍쥐페리, 《어린왕자》

A great man is he who has not lost the heart of a child.
— Mencius

위대한 사람은 어린아이의 마음을 잃지 않은 사람입니다.
— 맹자

We don't stop playing because we grow old; we grow old because we stop playing.
— George Bernard Shaw

나이가 들어서 노는 것을 멈추는 것이 아니라, 노는 것을 멈추기 때문에 나이가 드는 것입니다.
— 조지 버나드 쇼

---

grown-up 어른, 성인 | once (과거) 언젠가[한때] | only a few 아주 적은 수, 소수 | he who ~하는 사람

037 | 배움을 멈추지 마라

Once you stop learning, you start dying.
— Albert Einstein

배움을 멈추는 순간, 죽기 시작한다.
— 알베르트 아인슈타인

Anyone who stops learning is old, whether at twenty or eighty.
Anyone who keeps learning stays young.
The greatest thing in life is to keep your mind young.
— Henry Ford

배우기를 멈추면 스무 살이든 여든 살이든 늙은 것이다.
배우기를 계속하는 사람은 언제나 청춘이다.
인생에서 가장 위대한 것은 마음을 젊게 유지하는 것이다.
— 헨리 포드

once 한 번[일단] ~하면, ~하자마자 | whether A or B A이든 B이든 (어떻든 간에)

038 | 책이 지닌 가치와 의미

Books are the quietest and most constant of friends;
they are the most accessible and wisest of counselors,
and the most patient of teachers.
— Charles William Eliot

책은 가장 조용하고 변함없는 친구이다.
가장 쉽게 다가갈 수 있고 가장 지혜로운 상담자이며,
가장 인내심 많은 스승이다.
— 찰스 윌리엄 엘리엇

The reading of all good books is like a conversation
with the finest minds of past centuries.
— René Descartes

좋은 책을 읽는 것은 지난 세기 최고의 지성들과 대화하는 것과 같다.
— 르네 데카르트

---

constant 변함없는 | accessible 접근 가능한, 다가가기 쉬운 | counselor 상담 전문가, 카운슬러 | patient 참을성 있는, 인내심 있는 | mind (지성이 뛰어난) 사람, 지성(인) | century 100년, 1세기

039 | 단연코, 책

I declare after all there is no enjoyment like reading!
How much sooner one tires of any thing than of a book!
— Jane Austen, *Pride and Prejudice*

단언컨대 책을 읽는 것보다 더 즐거운 것은 없다!
책이 아닌 다른 것들은 얼마나 빨리 지겨워지는가!
— 제인 오스틴, 《오만과 편견》

declare 선언[선포]하다; 단언하다, 분명히 말하다 | **after all** (예상과는 달리) 결국에는, 어쨌든(설명, 이유를 덧붙일 때) | **enjoyment** 즐거움, 기쁨; 흥밋거리, 즐겁게 해주는 것 | **tire (of)** 피로[피곤]해지다, 지치다 | **any thing** 강조를 위해 anything을 두 단어로 쓰고 있는데 제인 오스틴의 시대에는 이런 방식이 더 빈번했다.

040 | 책을 읽는 세 가지 방법

Some books should be tasted, some devoured,
but a few should be chewed and digested thoroughly;
that is, some books should be read only in parts,
others should be read, but not deeply,
and a few should be read with full attention and great care.
— Sir Francis Bacon, "Of Studies"

어떤 책은 맛만 보아야 하고, 어떤 책은 삼켜야 하며,
몇몇 책은 충분히 씹고 소화시켜야 한다.
즉, 어떤 책은 부분적으로만 읽어야 하고,
어떤 책은 읽되 깊이 읽을 필요가 없으며,
몇몇은 온전히 집중하고 세심한 주의를 기울여 읽어야 한다.
— 프랜시스 베이컨, 〈학문에 대하여〉

taste 맛보다, (맛을 보려고) 조금 먹어보다, (짧게) 경험하다 | devour 게걸스레 먹다; 탐독하다, 열중하여 읽다 | thoroughly 철저히, 충분하게, 완전히 | that is 즉, 말하자면 | attention 주의 (집중), 유의 | care (세심한) 주의, 조심, 배려

041 | 정말 좋은 책은

A children's story that can only be enjoyed by children is not a good children's story in the slightest.
― C. S. Lewis

아이들만 즐길 수 있는 어린이 이야기는 결코 좋은 어린이 이야기가 아니다.
― C. S. 루이스

A truly great book should be read in youth, again in maturity and once more in old age, as a fine building should be seen by morning light, at noon and by moonlight.
― Robertson Davies

정말 위대한 책은 어릴 때 읽고, 어른이 되어 다시 읽고, 노년에 또 한 번 읽어야 한다. 마치 아름다운 건물을 아침 햇살에 보고, 정오에 보고, 또 달빛 아래서 보아야 하는 것처럼.
― 로버트슨 데이비스

---

not ~ in the slightest 조금도 ~않다 | youth 젊은 시절; 젊음, 청춘(cf. 보다 효과적인 전달을 위해 in youth를 '어릴 때'로 번역) | maturity 성숙함, 원숙함 | fine 훌륭한, 멋진, 아름다운

042 | 다 반짝이는 것은 아니다

All That Is Gold Does Not Glitter
— J. R. R. Tolkien

All that is gold does not glitter,
Not all those who wander are lost.
The old that is strong does not wither,
Deep roots are not reached by frost.
From the ashes a fire shall be woken,
A light from the shadows shall spring;
Renewed shall be blade that was broken,
The crownless again shall be king.

glitter 반짝이다, 반짝반짝 빛나다 | wander (정처 없이) 떠돌다, 헤매다, 방랑하다 | lost 길을 잃은 | wither 시들다, 말라[시들어]죽다; 약해지다, 쇠퇴하다 | reach ~에 이르다, 닿다 | shadow 그림자; (the ~(s)) 어둠 | renew 새롭게 하다, 회복하다, 소생시키다 | blade 칼날; (한 가닥의) 풀잎 | Renewed shall be blade that was broken 본래 Blade that was broken shall be renewed인데 강조와 시적 효과를 위해 도치된 것임 | the crownless 왕관이 없는 사람(들)

금이라고 다 반짝이는 것은 아니다
— J. R. R. 톨킨

금이라고 다 반짝이는 것은 아니며
헤매는 자가 모두 길을 잃은 것은 아니다.
오래되었어도 강한 것은 시들지 않고
깊은 뿌리에는 서리가 닿지 못한다.
타버린 재에서 불꽃이 일고
어둠 속에서 빛이 솟아오르리.
부러진 칼날은 다시 벼려질 것이며
왕관을 잃은 자 다시 왕이 되리라.

043 | 온통 햇빛 뿐이라면

If All the Skies Were Sunshine
— Henry Van Dyke

If all the skies were sunshine,
Our faces would be fain
To feel once more upon them
The cooling splash of rain.

If all the world were music,
Our hearts would often long
For one sweet strain of silence,
To break the endless song.

If life were always merry,
Our souls would seek relief,
And rest from weary laughter
In the quiet arms of grief.

---

were be 동사의 가정법 과거형(현재 사실에 반대되는 일, 실현 불가능한 소망을 표현) | fain 기꺼이 ~하는 | splash (물 따위의) 튀김, 끼얹음; (어딘가에서 떨어지는) 방울 | long 갈망하다, 간절히 바라다 | strain 가락, 선율 | merry 즐거운, 명랑한 | relief 안심, 안도; (고통, 걱정 등의) 제거, 경감 | weary 지치게 하는, 지긋지긋한; 몹시 지친, 피곤한 | grief 슬픔

하늘이 온통 햇빛으로 가득하다면

— 헨리 반 다이크

만일 하늘이 온통 햇빛으로 가득하다면
우리의 얼굴은 기꺼이
다시 한번 느끼고 싶을 겁니다,
그 위에 떨어지는 시원한 빗방울을.

만일 온 세상이 음악으로 가득하다면
우리의 마음은 간절히 바랄 겁니다,
끝없이 이어지는 노래를 중단시키는
한 가닥 달콤한 침묵의 선율을.

만일 삶이 언제나 즐겁기만 하다면
우리의 영혼은 얻으려 할 겁니다,
슬픔의 고요한 팔에 안겨
피곤한 웃음으로부터의 해방과 안식을.

044 | 젊음은 마음의 상태

Youth

— Samuel Ullman

Youth is not a time of life; it is a state of mind;
it is not a matter of rosy cheeks, red lips and supple knees;
it is a matter of the will, a quality of the imagination,
a vigor of the emotions;
it is the freshness of the deep springs of life.
[…]
This often exists in a man of sixty more than a boy of twenty.
Nobody grows old merely by a number of years.
We grow old by deserting our ideals.

rosy 장밋빛의; 불그레한 | supple 유연한, 부드럽고 탄력 있는 | will 의지 | vigor 활력, 정력 | emotion 감정 | merely 단지 | desert 버리다 | ideal 이상, 이상적인 것

젊음

— 새뮤얼 울먼

젊음은 인생의 시기가 아닙니다; 마음의 상태입니다.
젊음은 장밋빛 뺨과 붉은 입술, 유연한 무릎이 아닙니다.
의지의 문제이며, 풍부한 상상력, 활력 넘치는 감정입니다.
젊음은 생명의 깊은 샘에서 솟아나는 신선함입니다.
[…]
이것은 종종 스무 살 청년보다 예순 노인에게서 더 많이 발견됩니다.
단지 나이를 먹는다고 늙는 것은 아니랍니다.
꿈과 이상을 잃을 때 늙게 되지요.

Part 2.

너와 나, 그리고 우리

가족, 친구, 이웃, 동료, 적

너와 나, 그리고 우리

우리는 누구나 관계 속에서 살아갑니다. 그 속에서 누군가는 따뜻하게 손을 내밀고, 누군가는 조용히 등을 돌립니다. 관계는 위로가 되기도, 상처가 되기도 합니다. 기쁨과 행복을 누리기도 하지만, 오해와 갈등, 아픔과 외로움을 겪기도 하지요. 그러나 우리는 사랑으로 배우고, 용서로 성장합니다. 그리고 깨어진 조각들을 다시 맞추며 더 단단한 '우리', 더 넓은 '나'를 만들어갑니다.

관계는 마치 거울과 같습니다. 내가 어떤 표정을 짓는가에 따라 상대의 얼굴도 달라집니다. 내가 내미는 손의 온도에 따라 상대와의 거리가 가까워지거나 멀어집니다. 상대를 통해 나의 내면을 더 깊이 들여다보게 되고, 그 과정에서 '더 나은 나'로 자라고 싶은 마음이 피어납니다.

그러한 관계 속에서 우리는 깨닫게 됩니다. 나는 혼자 살아가는 존재가 아니라는 것을. 누구도 혼자만으로는 완전할 수 없으며, 삶은 언제나 '너와 나, 그리고 우리'라는 인연과 관계 속에서 만들어진다는 것을. 나를

'나'로 만드는 것은 단지 나 혼자만이 아니라, 내 곁에 머물렀던 수많은 '너'와의 진실한 관계라는 사실을.

그러다 문득, 마음속에 여러 질문이 떠오릅니다. 참된 사랑이란 무엇일까요? 진정한 친구란 어떤 사람일까요? 왜 사람들에게 친절해야 할까요? 왜 적을 용서해야 할까요? 스스로를 용서하는 것은 왜 중요할까요? 그리고 행복한 관계와 성숙된 나를 만들어 가는 길은 과연 어디에 있을까요?

두 번째 장은 관계에 대한 사유를 담은 문장들로 구성되어 있습니다. 마음을 다해 옮겨 적는 문장 하나하나가, 타인을 바라보는 당신의 시선에 따뜻한 온기를 더해주길, 그리고 너와 나 사이의 관계를 깊이 이해하고 더 나다운 '나'를 찾는 데 작은 이정표가 되어주길 바랍니다.

045 | 소인배를 멀리하라

Keep away from people who try to belittle your ambitions. Small people always do that, but the really great make you feel that you, too, can become great.
— Mark Twain

당신의 포부를 폄하하려는 사람들을 멀리하라.
소인배들은 항상 그렇게 한다. 하지만 진정으로 위대한 사람들은 당신도 위대해질 수 있다고 느끼게 해준다.
— 마크 트웨인

---

belittle 과소평가하다, 얕보다, 작아 보이게 하다 | **ambition** 야망, 야심, 큰 뜻, (큰) 포부 | **small** 마음이 좁은, 인색한, 비열한 | **the really great** 정말 위대한 사람들

046 | 사람을 대할 때 기억할 것

When dealing with people, remember you are not dealing with creatures of logic, but with creatures bristling with prejudice and motivated by pride and vanity.

— Dale Carnegie, *How to Win Friends & Influence People*

사람을 상대할 때 우리는 논리적인 존재를 대하고 있는 것이 아님을 기억해야 한다. 우리는 편견으로 가득 차 있고 자존심과 허영심에 따라 움직이는 동물을 상대하고 있는 것이다.

— 데일 카네기, 《인간관계론》

deal with ~을 다루다[대하다] | creature (신의) 창조물; 사람; 생물(특히 동물), 생명이 있는 존재 | logic 논리 | bristle with ~로 가득하다[꽉 차다] | prejudice 편견 | motivate ~에게 동기를 부여하다, (행동 등의) 이유가 되다 | vanity 자만, 허영

047 | 화가 치밀 때 기억할 것

Speak when you are angry,
and you will make the best speech you will ever regret.
— Ambrose Bierce

화가 났을 때 참지 말고 말을 하라.
그러면 평생을 두고 후회할 최고의 연설을 하게 될 것이다.
— 앰브로즈 비어스

He who is slow to anger is better than the mighty,
and he who rules his spirit than he who takes a city.
— Proverbs 16:32 (NKJV)*

노하기를 더디하는 자는 용사보다 낫고,
자기의 마음을 다스리는 자는 성을 빼앗는 자보다 나으니라.
— 잠언 16장 32절 (개역개정판)*

---

ever 언제나; 끊임없이 | regret 후회하다 | he who ~하는 사람 | anger 화, 분노; 성나다, 화나다 | the mighty 힘센 사람(들), 강한 자(들) spirit 정신, 마음; (육체를 떠난) 영혼, 유령 | *영어는 NKJV(New King James Version)를, 한국어는 개역개정판을 사용함

048 | 최고의 선택은 싸우지 않는 것

A clever person solves a problem. A wise person avoids it.
— Albert Einstein

영리한 사람은 문제를 해결하고, 현명한 사람은 문제를 피하거나 예방한다.
— 알베르트 아인슈타인

A good soldier is not a warrior who fights well,
but one who does not need to fight at all.
- Miyamoto Musashi, *The Book of Five Rings*

훌륭한 군인은 잘 싸우는 전사가 아니라,
전혀 싸울 필요가 없게 만드는 사람이다.
— 미야모토 무사시, 《오륜서》

---

avoid 피하다, (나쁜 일이 발생하지 않도록) 막다, 방지하다 | **warrior** 전사, 무사

049 | 최고의 승리는

He wins who knows when to fight and when not to fight.
Yet, the greatest victory is that which requires no battle.
— Sun Tzu, *The Art of War*

싸워야 할 때와 싸우지 말아야 할 때를 아는 자가 승리한다.
하지만 최고의 승리는 싸우지 않고 이기는 것이다.
— 손자, 《손자병법》

He wins who knows when to fight and when not to fight. 본래 바로 뒤에서 주어 he를 수식하는 who knows ... not to fight(관계대명사절)가 문장 끝으로 이동한 것이다. 영어에서 길고 무거운 어구는 보통 문장의 끝으로 보낸다 | **yet** 하지만, 그럼에도 불구하고, 그래도 | **battle** 전투, 투쟁, 다툼

050 | 최고의 복수

Always forgive your enemies; nothing annoys them so much.
— Oscar Wilde

언제나 적들을 용서하세요. 그것만큼 그들을 짜증나게 하는 것은 없습니다.
— 오스카 와일드

The best revenge is not to be like your enemy.
— Marcus Aurelius, *Meditations*

최고의 복수는 당신의 적과 같은 사람이 되지 않는 것입니다.
— 마르쿠스 아우렐리우스, 《명상록》

enemy 적, 원수, 경쟁 상대 | **annoy** 짜증나게[화나게] 하다, 괴롭히다 | **revenge** 복수, 보복 | **meditations** 명상록 (cf. meditation 명상, 묵상)

051 | 용서하라

Forgive. The weak can never forgive.
Forgiveness is the attribute of the strong.
An eye for an eye will only make the whole world blind.
— Mahatma Gandhi

용서하십시오. 약한 자는 결코 용서할 수 없습니다.
용서는 강한 자의 속성입니다.
'눈에는 눈'으로 맞서는 것은 온 세상을 눈멀게 할 뿐입니다.
— 마하트마 간디

We are all full of weaknesses and errors;
let us mutually pardon each other's folly.
— Voltaire, *A Treatise on Toleration and Other Essays*

우리는 모두 결점과 오류로 가득 차 있습니다.
그러니 서로 상대의 어리석음을 너그럽게 용서합시다.
— 볼테르, 《관용론》

---

the weak 약한 사람들 | **attribute** 속성, 자질, 특징 | **the strong** 강한 사람들 | **weakness** 약점, 결점 | **mutually** 서로, 상호간에, 공동으로, 피차간에 | **pardon** 용서하다, 관대히 봐주다 | **folly** 어리석음, 어리석은 행동[생각] | **treatise** 논문 | **toleration** 관용, 용인

052 | 친절하라, 항상

Everyone you meet is fighting a battle you know nothing about. Be kind. Always.
― Ian MacLaren

당신이 만나는 모든 사람은 당신이 전혀 알지 못하는 싸움을 하고 있습니다. 친절하세요. 항상.
― 이언 맥라렌

When given the choice between being right or being kind, choose kind.
― R. J. Palacio, *Wonder*

옳음과 친절 중 선택의 기회가 주어진다면, 친절을 선택하세요.
― R. J. 팔라시오, 《원더》

battle 전투, 싸움 | **choice** 선택

053 | 작은 친절의 가치와 큰 힘

No one is useless in this world who lightens the burdens of another.
― Charles Dickens, *Doctor Marigold's Prescriptions*

다른 사람의 짐을 덜어주는 사람은 누구라도 이 세상에서 결코 쓸모없는 존재가 아니다.
― 찰스 디킨스, 《닥터 메리골드의 처방전》

Too often we underestimate the power of a touch, a smile, a kind word, a listening ear, an honest compliment, or the smallest act of caring, all of which have the potential to turn a life around.
― Leo Buscaglia

우리는 너무나도 자주 작은 손길, 미소, 친절한 말, 경청하는 귀, 진심 어린 칭찬, 혹은 지극히 작은 배려가 지닌 힘을 과소평가한다. 이 모든 것들이 삶을 바꿀 수 있는 잠재력을 지니고 있는데도.
― 레오 버스카글리아

---

lighten (일, 부채, 걱정 등을) 가볍게 해주다, 덜어 주다 | **prescription** 처방(전), 처방된 약 | **underestimate** 과소평가하다 | **touch** 만지기, 접촉, 손길 | **compliment** 칭찬 | **caring** 보살핌, 배려, 친절함 | **potential** 가능성, 잠재력 | **turn around** 방향을 바꾸다, 변화를 일으키다

054 | 진정한 친구

A friend is someone who knows all about you and still loves you.
— Elbert Hubbard

친구란 당신에 대해 모든 것을 알면서도 여전히 당신을 사랑하는 사람입니다.
— 엘버트 허버드

A real friend is one who walks in when the rest of the world walks out.
— Walter Winchell

진정한 친구는 세상의 모든 사람들이 당신을 버리고 떠날 때 다가와서 곁에 있어 주는 사람입니다.
— 월터 윈첼

---

walk out (특히 불만이나 반대의 표시로 어떤 장소를) 떠나다 | **walk in** 들어오다, 다가오다, (여기서는 비유적으로) 관심과 지지를 보내다

055 | 반쪽 사랑은 없다

There is nothing I would not do for those who are really my friends. I have no notion of loving people by halves, it is not my nature.

— Jane Austen, *Northanger Abbey*

진정한 친구들을 위해 나는 무엇이든 할 것이다. 나는 사람들을 적당히 사랑하는 것이 무엇인지 알지 못한다. 그것은 나의 타고난 천성이 아니다.

— 제인 오스틴, 《노생거 사원》

---

have no notion of ~을 알지 못하다 | **by halves** 불완전하게; 마지못해, 열의 없이 | **nature** 천성, 본성, 성품, 성질 | **abbey** 수도원, 수녀원; (원래 수도원이었던) 대사원, 대저택

056 | 친구의 특권

It is the privilege of friendship to talk nonsense, and to have her nonsense respected.
— Charles Lamb, *The Life, Letters and Writings of Charles Lamb*

친구 사이의 특권은 허튼소리를 할 수 있고,
그 허튼소리를 존중받을 수 있다는 것이다.
— 찰스 램, 《찰스 램의 삶, 편지, 그리고 글들》

It is one of the blessings of old friends that you can afford to be stupid with them.
— Ralph Waldo Emerson

오랜 친구가 주는 축복 중 하나는 서로에게 바보 같은 모습을 보여도 괜찮다는 것이다.
— 랠프 월도 에머슨

---

privilege 특권, 특혜, 특전 | **nonsense** 허튼소리, 바보 같은[실없는] 소리; 허튼짓 | **afford** ~할 수 있다, ~할 여유가 있다

057 | 사랑은 같은 곳을 보는 것

Love does not consist in gazing at each other,
but in looking outward together in the same direction.
— Antoine de Saint-Exupéry, *Wind, Sand and Stars*

사랑은 서로를 응시하는 것이 아니라,
함께 같은 방향을 바라보는 것이다.
— 앙투안 드 생텍쥐페리, 《바람, 모래 그리고 별》

To learn is to humble oneself.
To teach is but to speak of hope.
To love is not to gaze upon each other,
but to face, together, the same horizon.
— Shin Young-Bok, *Like the First Time*

배운다는 것은 자기를 낮추는 것입니다.
가르친다는 것은 다만 희망에 대하여 이야기하는 것입니다.
사랑한다는 것은 서로 마주보는 것이 아니라
같은 곳을 함께 바라보는 것입니다.
— 신영복, 《처음처럼》

---

consist in (주요 특징 등이) ~에 있다 | **gaze** 응시하다, 가만히 보다 | **outward** 밖으로 향하는, 바깥쪽으로 | **humble** 겸허[겸손]하게 만들다, (자신의 품위, 자존심 따위를) 낮추다, 꺾다 | **but** 단지, 다만 | **horizon** 수평선, 지평선

058 | 사랑은 양보 그리고 배려

Love is taking a few steps backward, maybe even more,
to give way to the happiness of the person you love.
— A. A. Milne

사랑은 사랑하는 사람의 행복을 위해 몇 걸음 뒤로 물러나는 것입니다.
어쩌면 더 많이 물러나야 할 수도 있지요.
— A. A. 밀른

A little consideration and thought for others,
in everything you do, can make all the difference.
— A. A. Milne, *Winnie the Pooh*

당신이 무엇을 하든 다른 사람들에 대한 작은 배려와 생각이
큰 차이를 만들어낼 수 있습니다.
— A. A. 밀른, 《곰돌이 푸》

---

give way to 양보하다, 길을 내어주다 | **consideration** 배려 | **thought** (배려, 걱정이란 의미에서의) 생각
make all the difference 큰 영향을 미치다, 중요한 변화를 가져오다, 중요하다

059 | 있는 그대로 사랑하라

When you love someone, you love the person as they are, and not as you'd like them to be.
— Lev Tolstoy, *Anna Karenina*

누군가를 사랑할 때, 당신이 바라는 모습이 아니라 있는 그대로의 그 사람을 사랑하세요.
— 레프 톨스토이, 《안나 카레니나》

You don't love because; you love despite.
Not for the virtues, but despite the faults.
— William Faulkner

사랑은 어떤 이유 때문에 하는 것이 아닙니다. 무언가에도 불구하고 하는 것입니다. 미덕 때문이 아니라 결점에도 불구하고 하는 것입니다.
— 윌리엄 포크너

---

they, them 그 사람(성별을 모르거나 언급을 피하고 싶을 때 he나 she 대신 씀) | despite ~에도 불구하고 | virtue 미덕, 장점 | fault 단점, 결점, 흠

060 | 사랑은…

Love is patient, love is kind.
It does not envy, it does not boast, it is not proud.
It is not rude, it is not self-seeking,
it is not easily angered, it keeps no record of wrongs.
Love does not delight in evil but rejoices with the truth.
It always protects, always trusts,
always hopes, always perseveres.
— 1 Corinthians 13: 4-7 (NIV)*

사랑은 오래 참고, 친절합니다.
사랑은 시기하지 않으며, 뽐내지 않으며, 교만하지 않습니다.
사랑은 무례하지 않으며, 자기의 이익을 구하지 않으며,
성을 내지 않으며, 원한을 품지 않습니다.
사랑은 불의를 기뻐하지 않으며, 진리와 함께 기뻐합니다.
사랑은 모든 것을 덮어주며, 모든 것을 믿으며,
모든 것을 바라며, 모든 것을 견딥니다.
— 고린도전서 13장 4-7절 (표준새번역)*

patient 참을성 있는, 끈기 있는 | **envy** 부러워하다, 시기하다 | **boast** 뽐내다, 자랑하다 | **self-seeking** 이기적인, 자기 본위의 | **keep a record of** ~을 기록하다 | **delight** 기뻐하다, 즐거워하다 | **rejoice** 기뻐하다, 좋아하다 | **persevere** 인내하다, 견디다 | *영어는 NIV(New International Version), 우리말은 표준새번역임

061 | 사랑받는 기쁨과 행복

There is no happiness like that of being loved by your fellow creatures, and feeling that your presence is an addition to their comfort.

— Charlotte Brontë, *Jane Eyre*

동료들에게 사랑받고 나의 존재가 그들에게 위안을 더해준다고 느끼는 것만큼 큰 행복은 없습니다.

— 샬럿 브론테, 《제인 에어》

The greatest happiness of life is the conviction that we are loved; loved for ourselves, or rather, loved in spite of ourselves.

— Victor Hugo, *Les Misérables*

인생에서 가장 큰 행복은 우리가 사랑받고 있다는 확신입니다; 우리의 있는 모습 그대로 사랑받는다는 것, 더 정확하게는, 우리의 부족함에도 불구하고 사랑받고 있다는 확신입니다.

— 빅토르 위고, 《레미제라블》

---

fellow 동료, 동무 | creature (신의) 창조물, 생물 (특히 동물); 인간, 사람 | presence (특정한 곳에) 있음, 존재, 실재 | addition 추가(된 것) | comfort 위로, 위안; 안락, 편안 | conviction 확신, 신념 | rather 더 정확히 말하면; 오히려, 차라리 | for ourselves 우리 자신의 진정한 모습 때문에, 우리의 있는 모습 그대로 | in spite of ourselves 우리 자신의 결점이나 불완전함에도 불구하고

062 | 사랑하는 것으로 충분하다

The greatest misfortune is not to be unloved, but not to love.
— Albert Camus, *Notebooks 1951-1959*

가장 큰 불행은 사랑받지 못하는 것이 아니다. 사랑하지 않는 것이다.
— 알베르 카뮈, 《노트북 1951-1959》

To love or have loved, that is enough. Ask nothing further.
There is no other pearl to be found in the dark folds of life.
— Victor Hugo, *Les Misérables*

사랑하거나 사랑한 것, 그것으로 충분하다. 더 이상 아무것도 바라지 말라.
삶의 어두운 굴곡 속에서 그 어떤 다른 진주도 찾을 수 없나니.
— 빅토르 위고, 《레미제라블》

---

misfortune 불운, 불행 | unloved 사랑받지 못하는 | pearl 진주, (진주처럼) 귀중한 것 | fold 접힌 부분, (복수형) 중첩된 기복이나 굴곡

063 | 사랑하면 영혼에 별이 뜬다

(What is love?) I encountered in the street a very poor young man who was in love. His hat was old, his coat was worn, his elbows were in holes, the water passed through his shoes —and the stars through his soul.*

— Victor Hugo, *Les Misérables*

(사랑이란 무엇인가요?) 나는 거리에서 사랑에 빠진 아주 가난한 청년을 만났습니다. 그의 모자는 낡았고, 코트는 해어졌으며, 팔꿈치에는 구멍이 뚫려 있었고, 그의 신발은 물이 새고 있었습니다. 하지만 그의 영혼에는 별들이 지나가고 있었습니다.

— 빅토르 위고, 《레미제라블》

*괄호 안의 문장은 (빅트로 위고의 원문에는 나타나지 않지만) 독자의 이해를 돕기 위해 추가한 것이다. | **encounter** 우연히 만나다[마주치다] | **elbow** 팔꿈치, (옷의) 팔꿈치 부분 | *마지막 부분의 and는 앞부분과 상반되면서도 서로 긴밀하게 관련되어 있음을 보여준다.

064 | 사랑할 때 우리는

Love doesn't look with eyes, but with the mind. That's why winged Cupid is painted blind. Love doesn't have good sense or judgment, and wings and blindness make for undue speed in falling in love. Thus, love often makes the wrong choice, and it is considered a child.

— William Shakespeare, *A Midsummer Night's Dream*

사랑은 눈이 아니라 마음으로 봅니다. 그래서 날개 달린 큐피드는 눈이 먼 것으로 그려지지요. 사랑은 분별력이나 판단력이 좋지 않습니다. 그리고 날개와 눈먼 상태는 사랑에 빠질 때 지나치게 서두르게 만듭니다. 그로 인해 사랑은 잘못된 선택을 자주 하고, 그래서 아이로 여겨지지요.

— 윌리엄 셰익스피어, 《한여름 밤의 꿈》

---

winged 날개 달린 | **sense** 판단력, 사리 분별 | **judgment** 판단력, 분별력 | **blindness** 눈이 멂, 보이지 않음 | **make for** ~에 기여하다, ~을 초래하다, ~의 원인이 되다 | **undue** 지나친, 과도한

065 | 멈출 수 없는 사랑

Put Out My Eyes
— Rainer Maria Rilke

Put out my eyes, and I can see you still,
Slam my ears shut, and I can hear you yet;
And without any feet can go to you;
And tongueless, I can conjure you at will.
Break off my arms, I shall take hold of you
And grasp you with my heart as with a hand;
Stop my heart, my brain will beat as true;
And if you set this brain of mine afire,
Then on my blood-stream I yet will carry you.

---

put out (불을) 끄다, (작동을) 중지시키다 | slam 쾅 닫다 | conjure (마술로) ~를 불러내다; 마음속에 떠올리다 | at will 마음대로, 내가 원하는 대로 | break off (억지로) 분리시키다 | take hold of ~을 잡다, 쥐다 | grasp 꽉 잡다, 움켜잡다 | beat (심장이) 뛰다, 고동치다 | as true 충실하게, 정확하게, 확고하게 | afire 불타서, 불붙어, (감정이) 격하여 | blood-stream 혈류, 혈액 순환

내 눈을 멀게 하세요
— 라이너 마리아 릴케

내 눈을 멀게 하세요.
그래도 나는 여전히 당신을 볼 수 있습니다.
내 귀를 꽉 닫으세요.
그래도 나는 여전히 당신을 들을 수 있습니다.
발이 없어도 당신에게 갈 수 있고
혀가 없어도 당신을 마음대로 불러낼 수 있습니다.
내 팔을 떼어내세요.
그래도 나는 당신을 붙잡을 것입니다.
손으로 잡듯이 심장으로 잡을 겁니다.
내 심장을 멎게 하세요.
그러면 나의 뇌가 충실하게 고동칠 겁니다.
그리고 나의 이 뇌에 불을 지르신다면,
나는 흐르는 피를 타고 당신을 여전히 실어 나를 것입니다.

066 | 사랑은 상처 받는 일

To love at all is to be vulnerable. Love anything and your heart will be wrung and possibly broken.

If you want to make sure of keeping it intact you must give it to no one, not even an animal. Wrap it carefully round with hobbies and little luxuries; avoid all entanglements. Lock it up safe in the casket or coffin of your selfishness.

But in that casket, safe, dark, motionless, airless, it will change. It will not be broken; it will become unbreakable, impenetrable, irredeemable.

— C. S. Lewis, *The Four Loves*

---

at all 어떻게든; 조금이라도 | vulnerable 상처 입기 쉬운, 취약한, 연약한 | wring 쥐어짜다, (힘껏) 비틀다; 괴롭히다(wrung은 과거(분사)) | intact 온전한, 손상되지 않은 | luxury 호화로움, 사치(품) | entanglement 얽힘, 얽히게 함; 복잡한 관계 | casket (보석, 귀중품을 넣는) 작은 상자; (고급스러운) 관 | coffin 관 | selfishness 이기심, 제멋대로임 | impenetrable 꿰뚫을 수 없는, 뚫고 들어갈 수 없는 | irredeemable 바로잡을 수 없는, 구제할 길 없는

어떻게든 사랑한다는 것은 상처 입기 쉬워지는 것이다. 무엇이든 사랑하라. 그러면 당신의 마음은 힘껏 비틀리고 어쩌면 부서질 것이다.

만약 그것을 온전히 지키고 싶다면, 그것을 누구에게도 주면 안 된다. 동물에게조차도 말이다. 취미와 작은 사치로 그것을 조심스럽게 감싸고, 모든 얽힘을 피하라. 그것을 이기심이라는 작은 상자나 관 속에 넣어 안전하게 잠가 두어라.

그러나 그 관 속에서, 안전하고 어두우며 움직임이 없고 공기도 없는 그 관 속에서, 그것은 변할 것이다. 부서지지는 않겠지만, 부술 수도 없고, 뚫고 들어갈 수도 없으며, 다시 회복할 수도 없는 상태가 될 것이다.

— C. S. 루이스, 《네 가지 사랑》

067 | 불행한 결혼

Happy families are all alike; every unhappy family is unhappy in its own way.
— Lev Tolstoy, *Anna Karenina*

행복한 가족은 모두 서로 비슷하지만, 불행한 가족은 각각 저마다의 방식으로 불행하다.
— 레프 톨스토이, 《안나 카레니나》

It is not a lack of love, but a lack of friendship that makes unhappy marriages.
— Friedrich Nietzsche

불행한 결혼을 만드는 것은 사랑의 결핍이 아니라, 우정의 부족이다.
— 프리드리히 니체

---

alike (아주) 비슷한, 서로 같은 | lack 결핍, 부족

068 | 함께 또 따로

On Marriage
— Kahlil Gibran

You were born together, and together you shall be forevermore.
You shall be together when the white wings of death scatter your days.
Aye, you shall be together even in the silent memory of God.
But let there be spaces in your togetherness,
And let the winds of the heavens dance between you.

결혼에 대하여
— 칼릴 지브란

그대들은 함께 태어났으니 영원히 함께하리라.
죽음의 하얀 날개가 그대들의 삶을 흩어버릴 때에도 여전히 함께 있으리라.
그러하도다, 그대들은 신의 고요한 기억 속에서조차 함께 있으리라.
하지만 그대들의 함께함 속에 거리를 두라.
그리하여 하늘의 바람이 그대들 사이에서 춤추게 하라.

(계속)

---

forevermore 영원토록(forever의 강조형) | **scatter** 흩어버리다, 흩뿌리다 | **day** 전성기, 생애, 수명 | **aye** (감탄사) 그렇다, 네(yes); 찬성!(표결할 때)

Love one another, but make not a bond of love:
Let it rather be a moving sea between the shores of your souls.
Fill each other's cup but drink not from one cup.
Give one another of your bread but eat not from the same loaf.
Sing and dance together and be joyous, but let each one of you be alone,
Even as the strings of a lute are alone though they quiver with the same music.

서로 사랑하라. 그러나 그 사랑이 구속이 되게 하지는 말라.
그보다는 그대들이 지닌 영혼의 해안 사이에 출렁이는 바다가 있게 하라.
서로의 잔을 채워 주되 한쪽의 잔만을 마시지는 말라.
서로의 빵을 나누어 주되 한쪽의 빵만을 먹지는 말라.
함께 노래하고 춤추며 기뻐하되 각자 홀로 있는 시간을 허용하라.
마치 현악기의 줄들이 떨리며 하나의 음악을 만들어내도
각각 따로 존재하는 것처럼.

(계속)

bond 굴레, 속박 | **rather** 오히려, 차라리, 더 정확히 말하자면 | **joyous** 아주 기뻐하는, 기쁨에 찬 | **string** 줄, 끈, (악기의) 현, 줄 **lute** 류트(기타와 비슷한 14-17세기의 현악기) | **quiver** (가볍게) 떨다, 진동하다

Give your hearts, but not into each other's keeping.
For only the hand of Life can contain your hearts.

And stand together yet not too near together:
For the pillars of the temple stand apart,
And the oak tree and the cypress grow not in each other's shadow.

그대의 마음을 상대에게 주라. 하지만 상대의 소유로 묶어 두지는 말라.
오직 생명의 손길만이 그대들의 마음을 간직할 수 있나니.

함께 서 있으라. 하지만 서로 너무 가까지 있지는 말라.
사원의 기둥들도 서로 떨어져 서 있고
참나무와 사이프러스 나무도 서로의 그늘에서는 자라지 못하나니.

keeping 보유, 보호, 관리 | **for** (왜냐하면) ~이니까 | **pillar** 기둥 | **temple** 사원, 신전 | **cypress** 사이프러스 (키 큰 상록수의 일종)

069 | 아이들은 당신의 소유가 아니다

On Children
— Kahlil Gibran

Your children are not your children.
They are the sons and daughters of Life's longing for itself.
They come through you but not from you,
And though they are with you yet they belong not to you.

You may give them your love but not your thoughts,
For they have their own thoughts.
You may house their bodies but not their souls,
For their souls dwell in the house of tomorrow,
which you cannot visit, not even in your dreams.

You may strive to be like them,
but seek not to make them like you.
For life goes not backward nor tarries with yesterday.
[…]

Life's longing for itself 삶의 스스로에 대한 갈망, 삶이 자신을 이어가려는 갈망 | **yet** 하지만 | **for** 왜냐하면 (이유, 원인을 나타내는 접속사) | **house** 살 곳을 주다, 거처를 제공하다 | **dwell** (~에) 살다, 거주하다 | **strive to** ~하려고 애쓰다 | **backward** 거꾸로, 퇴보하는 쪽으로 | **tarry** 꾸물거리다, 지체하다

아이들에 대해
— 칼릴 지브란

당신의 아이들은 당신의 소유가 아닙니다.
그들은 삶이 스스로를 갈망하여 낳은 아들과 딸들입니다.
그들은 당신을 통해 왔지만 당신으로부터 온 것은 아닙니다.
당신과 함께 있더라도 당신의 소유는 아닌 것입니다.

당신이 아이들에게 사랑은 줄 수 있지만 생각을 줄 수는 없습니다.
아이들에게는 그들만의 생각이 있기 때문입니다.
아이들에게 육신의 집은 줄 수 있지만 영혼의 거처는 줄 수 없습니다.
그들의 영혼은 당신이 꿈에서조차 방문할 수 없는
내일의 집에 살고 있기 때문입니다.

당신이 아이들처럼 되려고 노력하는 것은 좋지만
아이들을 당신처럼 만들려고 하지는 마십시오.
삶이란 거꾸로 가는 것도 어제에 머무르는 것도 아니기 때문입니다.
[…]

070 | 진정한 교육이란

Everybody is a genius. But if you judge a fish by its ability to climb a tree, it will live its whole life believing that it is stupid.
— Albert Einstein

모든 사람은 천재다. 그러나 물고기를 나무에 오르는 능력으로 판단한다면 그 물고기는 평생을 자신이 멍청하다고 믿으며 살아갈 것이다.
— 알베르트 아인슈타인

Education is not the filling of a pail, but the lighting of a fire.
— W. B. Yeats

교육은 물통을 채우는 것이 아니라, 불을 지피는 것이다.
— W. B. 예이츠

Tell me and I will forget, teach me and I may remember, but involve me and I will learn.
— Xunzi

말해주면 잊어버릴 겁니다. 가르쳐주면 기억할 수도 있습니다. 하지만 참여시켜주면, 배우게 될 것입니다.
— 순자

---

pail 양동이, 물통 | **light** 불을 붙이다, 점화하다, 불을 지피다 | **involve** 참여시키다

071 | 지식보다 상상력

Imagination is more important than knowledge. For knowledge is limited, whereas imagination embraces the entire world, stimulating progress, giving birth to evolution.
— Albert Einstein, *Einstein on Cosmic Religion and Other Opinions and Aphorisms*

상상력은 지식보다 더 중요하다. 왜냐하면 지식은 한계가 있지만, 상상력은 온 세상을 포용하며, 진보하도록 격려하고 발전을 가져오기 때문이다.
— 알베르트 아인슈타인, 《아인슈타인의 우주적 종교와 기타 견해 및 경구》

If you want your children to be intelligent, read them fairy tales. If you want them to be more intelligent, read them more fairy tales.
— Albert Einstein

만일 당신의 아이들이 똑똑해지길 원한다면 그들에게 동화를 읽어주세요. 만일 그들이 더 똑똑해지길 원한다면 더 많은 동화를 읽어주세요.
— 알베르트 아인슈타인

imagination 상상력 | **whereas** ~임에 반하여 | **embrace** (껴)안다, 포옹하다 | **stimulate** 자극하다 | **progress** 진보, 발전, 향상 | **give birth to** ~을 낳다, ~을 일으키다 | **evolution** 진화, (점진적인) 진전, 발전 | **cosmic** 우주의; 장대한, 어마어마한 | **aphorism** 경구, 격언, 금언 | **intelligent** 총명한, 영리한, 똑똑한 | **fairy tale** 동화, 꾸며낸 이야기

072 | 이런 아들을 주소서

A Father's Prayer
— General Douglas MacArthur

Build me a son, O Lord,
who will be strong enough to know when he is weak,
and brave enough to face himself when he is afraid;
one who will be proud and unbending in honest defeat,
and humble and gentle in victory.

자녀를 위한 기도
— 더글러스 맥아더 장군

오 주여, 제게 이런 아들을 허락해주소서.
자신이 약할 때를 알 만큼 강하게 하시고
두려울 때 자신을 마주할 만큼 용감하게 하소서;
정직한 패배에 당당하고 굳건하게 하시고,
승리했을 때 겸손하고 온유하게 하소서.

(계속)

---

proud 자랑으로 여기는, 영광으로 삼는, 당당한 | **unbending** 구부러지지 않는; 꿋꿋한, 굳건한 | **defeat** 패배
humble 겸손한

[…]
Lead him, I pray, not in the path of ease and comfort,
but under the stress and spur of difficulties and challenge.
Here let him learn to stand up in the storm;
here let him learn compassion for those who fail.

[…]
기도하오니 그를 편안하고 안락한 길로 인도하지 마시고,
어려움과 도전의 압박과 자극 아래로 이끄소서.
폭풍 속에서 홀로 서는 법을 배우게 하시고,
실패하는 자들에 대한 연민을 가지게 하소서.

(계속)

ease 쉬움; 편안함, 안락함 | comfort 안락, 편안함, 위안 | spur 박차; 자극, 격려 | challenge 도전
compassion 연민, 동정심

Build me a son
whose heart will be clear, whose goal will be high,
a son who will master himself before he seeks to master other men,
one who will reach into the future, yet never forget the past.

And after all these things are his, add, I pray,
enough of a sense of humor, so that he may always be serious,
yet never take himself too seriously.

제게 이런 아들을 주소서.
그의 마음을 맑게 하시고, 높은 목표를 갖게 하소서.
다른 사람을 다스리기 전에 자신을 먼저 다스릴 수 있게 하시고,
미래를 위해 노력하면서도 지난날을 결코 잊지 않게 하소서.

그리고 기도하오니, 이 모든 것들을 허락하신 후에
충분한 유머 감각을 더해주셔서 항상 진지한 자세로 살아가되
자신을 지나치게 대단한 존재로 여기지 않도록 해주소서.

(계속)

---

master 지배하다, 정복하다, 억제하다 | **reach into** ~을 향해 손을 뻗다; ~을 위해 노력하다 | **take seriously** ~을 중요하게 여겨 관심과 존중을 받을 가치가 있다고 생각하다

Give him humility, so that he may always remember
the simplicity of true greatness, the open mind of true wisdom,
and the meekness of true strength.

Then I, his father, will dare to whisper,
"I have not lived in vain."

그에게 겸손함을 주셔서 진정한 위대함이 지닌 단순함과
참된 지혜가 지닌 열린 마음,
진정한 힘에 담긴 온유함을 항상 기억하게 하소서.

그리하면 제가 그의 아버지로서 감히 이렇게 말할 수 있을 것입니다.
"나는 헛되이 살지 않았노라."

humility 겸손 | **simplicity** 단순함 | **meekness** 온유함, 온순함 | **dare** 감히 ~하다 | **in vain** 헛되이

Part 3.

어떻게 살 것인가?
삶, 일, 사회, 세상, 죽음

어떻게 살 것인가?

'어떻게 살 것인가?'
삶은 언제나 이렇게 질문을 던집니다.

이 질문 앞에서 우리는 머뭇거리고, 때로는 눈을 감기도 하지요. 하지만 살아 있는 한 누구도 이 질문을 완전히 피할 수는 없습니다. 삶이란 결국, 그 물음에 답해 가는 여정이기 때문입니다.

당신은 지금 어떤 삶을 살고 있나요? 혹시라도 하루하루를 그저 버텨내며 힘들게 이어 가고 있지는 않나요? 뚜렷한 목적도 없이 시급하지만 중요하지는 않은 일에 쫓기며 살고 있지는 않나요?

당신의 삶은 지금 어디로 향하고 있나요? 무엇 때문에 바쁜가요? 열심히 사는 것만으로는 충분치 않습니다. 디트리히 본회퍼는 말합니다. 잘못된 열차에 올라탔다면, 그 안에서 아무리 열심히 달려도 소용이 없다고. 지금 당장 기차에서 내려, 방향부터 다시 살펴야 합니다.

혹시라도 시련과 역경을 만나 힘들어하고 있지는 않나요? 그렇다면 기억하세요. 오스카 와일드의 말처럼, 우리에게 쓰라린 시련처럼 보이는 것들은 많은 경우 가면을 쓰고 찾아온 축복이라는 것을. 누구에게나 폭풍우는 찾아옵니다. 하지만 비비안 그린이 말했듯이, 인생은 폭풍우가 지나가길 기다리는 것이 아닙니다. 빗속에서 춤추는 법을 배우는 것입니다.

혹시라도 행복을 멀리에서 찾고 있지는 않나요? 행복은 결코 멀리 있는 것이 아닙니다. 월트 휘트먼의 말처럼, 행복은 다른 곳이 아니라 바로 지금, 여기에 있습니다. 오늘을 즐겨야 합니다. 매일매일을 최고의 날로 만들어야 합니다.

혹시라도 너무 늦었다 생각되어 체념하고 있지는 않나요? 과거로 돌아가서 처음을 바꿀 수는 없습니다. 하지만 C. S. 루이스가 말했듯이, 지금 있는 곳에서 다시 시작하면 결말은 얼마든지 바꿀 수 있습니다.

혹시라도 실패가 두려워 도전을 망설이고 있지는 않나요? 엘버트 허버드의 말처럼, 인생에서 당신이 범할 수 있는 가장 큰 실수는 실수나 실패가 두려워 아예 시도조차 하지 않는 것입니다. 먼 훗날 당신은 당신이 했던 일보다 하지 않았던 일로 인해 더 크게 후회할 것입니다. 당신에게 필요한 것은, 거듭된 실패에도 굴하지 않고 다시 도전하는 용기입니다.

이 책의 마지막 장은 삶에 대한 탐구입니다. 선각자들의 지혜와 통찰이 담긴 문장을 당신만의 속도와 리듬으로 하나하나 써 내려가 보세요. 당신을 위해 준비된 깨달음과 용기를 찾아보세요. 그 조용한 시간 속에서 당신의 삶이 더 깊어지고 더욱 단단해지길 진심으로 소망합니다.

073 | 꿈을 꽉 잡으세요

Dreams
— Langston Hughes

Hold fast to dreams
For if dreams die
Life is a broken-winged bird
That cannot fly.

Hold fast to dreams
For when dreams go
Life is a barren field
Frozen with snow.

hold to 잡고[쥐고] 있다 | **fast** 단단히, 굳게 | **go** 없어지다, 사라지다 | **barren** 척박한, 황량한

꿈

— 랭스턴 휴스

꿈을 꽉 잡으세요.
왜냐하면 꿈이 죽으면
삶은 날개가 부러져 날지 못하는 새와 같으니까요.

꿈을 꽉 잡으세요.
왜냐하면 꿈이 사라지면
삶은 눈으로 얼어붙은 황량한 들판 같으니까요.

074 | 가지 않은 길

The Road Not Taken
— Robert Frost

[…]
I shall be telling this with a sigh
Somewhere ages and ages hence:
Two roads diverged in a wood, and I-
I took the one less traveled by,
And that has made all the difference.

가지 않은 길
— 로버트 프로스트

[…]
지금으로부터 먼 훗날 어디에선가
한숨을 쉬며 나는 이렇게 말할 것입니다.
숲속에 두 갈래 길이 나 있었는데, 나는,
나는 사람들이 적게 다닌 길을 선택했노라고,
그리고 그것 때문에 모든 것이 달라졌다고.

---

with a sigh 한숨 쉬며, 탄식하며 | **ages and ages** 매우 오랜 시간, 수많은 세월 | **hence** 지금으로부터 (from now) | **diverge** (길, 선 등이) 갈라지다, 분기하다

075 | 열심보다 방향

If you board the wrong train, it is no use running along the corridor in the other direction.
— Dietrich Bonhoeffer

잘못된 열차에 올라탔다면, 열차 안의 통로에서 반대 방향으로 달려 봐야 아무 소용이 없다.
— 디트리히 본회퍼

If one doesn't know to which port one is sailing, no wind is favorable.
— Seneca

어느 항구로 항해하는지 모른다면, 어떤 바람도 도움이 될 수 없다.
— 세네카

board 승선[승차/탑승]하다 | it is no use -ing ~해도 소용없다 | corridor 복도, (열차 안의) 통로 | port 항구
sail 항해하다, 배로 가다 | favorable 유리한, 형편에 알맞은, 순조로운

076 | 삶은 길이보다 깊이

And in the end, it's not the years in your life that count.
It's the life in your years.
— Abraham Lincoln

결국 중요한 것은 당신이 살아온 햇수가 아니라,
그 햇수에 담긴 삶입니다.
— 에이브러햄 링컨

It is not the length of life, but the depth of life. He who is not everyday conquering some fear has not learned the secret of life.
— Ralph Waldo Emerson, *The Complete Works of Ralph Waldo Emerson*

중요한 것은 삶의 길이가 아니라 삶의 깊이이다. 매일 어떤 두려움을 극복하고 있지 않는 사람은 삶의 비밀을 배우지 못한 것이다.
— 랠프 월도 에머슨, 《랠프 월도 에머슨 전집》

---

in the end 결국, 모두 따지고 보면 | count 중요하다 | length 길이 | depth 깊이 | conquer 정복하다, 극복하다

077 | 행복은 지금, 바로 이곳에

Happiness, not in another place but this place, not for another hour but this hour.
— Walt Whitman

행복은 다른 곳이 아니라 바로 이곳에서, 다른 때가 아니라 지금 이 순간에.
— 월트 휘트먼

Why not seize the pleasure at once?—How often is happiness destroyed by preparation, foolish preparation!
— Jane Austen, *Emma*

왜 지금 당장 즐거움을 붙잡지 않는가?—준비, 그 바보 같은 준비 때문에 우리의 행복이 얼마나 자주 파괴되고 있는가!
— 제인 오스틴, 《엠마》

---

hour 시각, (중요한 일이 일어나는) 때[순간] | seize (갑자기) (붙)잡다, 꽉 쥐다 | preparation 준비

078 | 행복해지는 법

Happiness is the only good. The place to be happy is here. The time to be happy is now. The way to be happy is to make others so.

— Robert G. Ingersoll, *The Works of Robert G. Ingersoll*

행복이 유일한 선입니다. 행복해야 할 장소는 여기이고, 행복해야 할 시간은 지금입니다. 행복해지는 방법은 다른 사람들을 행복하게 만드는 것입니다.

— 로버트 G. 잉거솔, 《로버트 G. 잉거솔 작품집》

good 선, 미덕, 좋은 일 | **work** 작품, 저작물

079 | 오늘, 지금 누려야 할 선물

Pluck the day, trusting as little as possible in tomorrow.
(Carpe diem, quam minimum credula postero.)
— Horace, *The Odes of Horace*

오늘을 즐겨라, 내일은 가급적 믿지 말고.
— 호라티우스, 《호라티우스의 송가》

The clock is running. Make the most of today. Time waits for no man. Yesterday is history. Tomorrow is a mystery. Today is a gift. That's why it is called the present.
— Alice Morse Earle

시계는 계속 돌아가고 있습니다. 오늘을 최대한 활용하세요. 시간은 누구도 기다려주지 않습니다. 어제는 지나간 과거이고, 내일은 미스터리입니다. 오늘은 '선물'이고요. 그래서 오늘을 '현재[선물]'라고 부른답니다.
— 앨리스 모스 얼

---

pluck (과일, 꽃 등을) 따다; (털을) 뽑아내다 | **Pluck the day.** (직역하면) 오늘을 따라[추수하라]. 라틴어 원문은 Seize the day, put very little trust in tomorrow로 번역된다. | **seize the day** 오늘을 잡아라, 현재를 즐겨라 | **ode** 송시(특정한 사람·사물에게 부치는 서정시) | **make the most of** ~을 최대한으로 활용하다 | **history** 역사; 과거의 일, 지나간 일 | **mystery** 수수께끼, 미스터리, 신비(스러운 일), 불가사의 | **present** 선물; 현재 (참고: present의 두 가지 의미를 활용하여 오늘의 중요성을 재치 있게 표현하고 있음)

080 | 당신은 어디에 살고 있나요?

If you are depressed, you are living in the past;
if you are anxious, you are living in the future;
but if you are at peace, you are living in the present.
— Lao Tze

만일 당신이 우울하다면, 당신은 과거에 살고 있는 것이다.
만일 당신이 불안하다면, 당신은 미래에 살고 있는 것이다.
하지만 당신의 마음이 평온하다면, 당신은 현재에 살고 있는 것이다.
— 노자

depressed 우울한, 의기소침한, 낙담한 | anxious 불안해하는, 염려하는

081 | 삶으로 실천하지 않으면

Live as if you were to die tomorrow.
Learn as if you were to live forever.
Be the change that you wish to see in the world.
To believe in something, and not to live it, is dishonest.
— Mahatma Gandhi

내일 죽을 것처럼 살고,
영원히 살 것처럼 배우라.
당신이 세상에서 보고 싶은 그 변화가 되어라.
무언가를 믿으면서 그것을 삶으로 실천하지 않는 것은 정직하지 못한 일이다.
— 마하트마 간디

---

were be 동사의 가정법 과거형(현재 사실에 반대되는 일, 실현 불가능한 소망을 표현) | **believe in** (신념 등이) 옳다고 믿다; (신 등이) 존재한다고 믿다 | **live** (생활 속에) 나타내다, 실행하다 | **dishonest** 정직하지 못한, 불성실한, 부정한

082 | 20년 뒤에 후회할 일

Twenty years from now you will be more disappointed
by the things that you didn't do than by the ones you did do.
So throw off the bowlines. Sail away from the safe harbor.
Catch the trade winds in your sails. Explore. Dream. Discover.
— Mark Twain

20년 후에 당신은 당신이 했던 일보다 하지 않았던 일로 인해 더 실망할 것이다. 그러므로 밧줄을 풀어 던져라. 안전한 항구를 떠나 항해하라. 당신의 돛에 무역풍을 담아라. 탐험하라. 꿈꾸라. 발견하라.
— 마크 트웨인

---

disappoint 실망시키다 | **bowline** (1) (돛이 팽팽하도록) 돛의 한쪽을 뱃머리(bow)에 매는 밧줄; (2) 배가 항구에 정박할 때 앞부분(bow)을 부두에 묶어두는 밧줄 | **throw off the bowlines** (배를 묶고 있는) 밧줄을 (풀어) 내던지다 | **harbor** 항구 | **trade wind** 무역풍(위도 0°~30° 사이의 저위도에서 일정한 방향으로 부는 바람; 과거에 무역상들이 이 바람을 타고 항해했기 때문에 붙여진 이름임) | **sail** 배의 돛; 항해하다 | **explore** 탐험하다

083 | 인생은 대담한 모험, 그리고 기적

There are only two ways to live your life. One is as though nothing is a miracle. The other is as though everything is a miracle.
— Albert Einstein

삶에는 오직 두 가지 방식만이 존재한다. 하나는 아무것도 기적이 아니라고 생각하며 사는 것이고, 다른 하나는 모든 것을 기적이라 여기며 사는 것이다.
— 알베르트 아인슈타인

Life is either a daring adventure or nothing at all.
— Helen Keller

인생은 대담한 모험이 아니면 아무것도 아닙니다.
— 헬렌 켈러

---

as though 마치 ~인 것처럼(as if) | **either** (either ~ or ~의 형태로) ~거나 ~거나 | **daring** 대담한, 용감한, 위험한

084 | 결국 남는 후회들

In the end, we only regret the chances we didn't take,
the relationships we were afraid to have,
and the decisions we waited too long to make.
— Lewis Carroll

결국 우리는 잡지 않았던 기회들, 두려워했던 관계들,
그리고 너무 오랫동안 미루었던 결정들에 대해 후회할 뿐입니다.
— 루이스 캐럴

in the end 결국, 따지고 보면 | **regret** 후회하다, 뉘우치다 | **decision** 결정, 결심

085 | 인생의 가장 큰 실수

The greatest mistake you can make in life is continually fearing that you'll make one.
— Elbert Hubbard, *The Philistine*

인생에서 당신이 범할 수 있는 가장 큰 실수는, 실수를 할까 봐 끊임없이 두려워하는 것이다.
— 엘버트 허버드, 《필리스틴》

A life spent making mistakes is not only more honorable but more useful than a life spent doing nothing.
— George Bernard Shaw, *The Doctor's Dilemma*

실수를 하며 보낸 삶은 아무것도 하지 않으며 보낸 삶보다 더 명예로울 뿐 아니라 더 유용하다.
— 조지 버나드 쇼, 《의사의 딜레마》

---

continually 계속해서, 끊임없이 | honorable 명예로운, 고결한, 훌륭한 | dilemma 진퇴양난, 딜레마, 궁지

086 | 가장 나쁜 선택

In any moment of decision, the best thing you can do
is the right thing, the next best thing is the wrong thing,
and the worst thing you can do is nothing.
— Theodore Roosevelt

어떤 결정의 순간에도 당신이 할 수 있는 최선은 옳은 일을 하는 것이고,
차선은 잘못된 일을 하는 것이며, 최악은 아무것도 하지 않는 것이다.
— 시어도어 루스벨트

087 | 모든 순간은 배움의 기회

There are some things you learn best in calm, and some in storm.
— Willa Cather, *The Song of the Lark*

어떤 것은 평온함 속에서 가장 잘 배우고, 어떤 것은 폭풍 속에서 가장 잘 배울 수 있다.
— 윌라 캐더, 《종달새의 노래》

You learn a little from victory, but you learn everything from defeat.
— Christy Mathewson

승리로부터는 조금 배울 수 있지만 패배를 통해서는 모든 것을 배울 수 있다.
— 크리스티 매튜슨

---

calm 평온, 고요함, 잔잔함 | lark 종달새, 종다리 | defeat 패배, 실패, 좌절

088 | 중요한 것은 포기하지 않는 것

Success is not final, failure is not fatal: it is the courage to continue that counts.
— Winston S. Churchill

성공이 모든 과정의 끝은 아니며, 실패가 (돌이킬 수 없을 만큼) 치명적인 것도 아니다. 중요한 것은 포기하지 않고 계속 해 나가는 용기이다.
— 윈스턴 S. 처칠

final 마지막의, (특정 과정상) 끝인, 최종적인 | **fatal** 치명적인, 죽음을 초래하는; 돌이킬 수 없는 | **count** 중요하다

089 | 시련은 축복의 다른 이름

When everything seems to be going against you, remember that the airplane takes off against the wind, not with it.
— Henry Ford

모든 것이 당신에게 불리하게 돌아가는 것 같을 때, 비행기가 바람을 타고 이륙하는 것이 아니라 바람을 거슬러 이륙한다는 것을 기억하라.
— 헨리 포드

What seems to us as bitter trials are often blessings in disguise.
— Oscar Wilde, *The Importance of Being Earnest*

우리에게 쓰라린 시련처럼 보이는 것들은 많은 경우 가면을 쓰고 찾아온 축복입니다.
— 오스카 와일드, 《진지함의 중요성》

---

go against ~에 반대[대항]하다 | take off 이륙하다, 날아오르다 | bitter 쓰라린; 맛이 쓴 | trial 시련, 고생 | disguise 변장, 위장; 가면

090 | 폭풍 후엔 반드시 평온함이

Remember this, Sancho: If you wish to be better than others without putting in more effort than they do, that is wrong. All these storms that come upon us are signs that peaceful times are near and that things will soon go well for us. Neither good nor evil lasts forever. Since evil has stayed with us for so long, from now on, good things will happen. So do not be too sad about the misfortunes that have befallen me.

— Miguel de Cervantes Saavedra, *Don Quixote*

명심해라 산초야. 다른 사람들보다 더 노력하지 않고서 그들보다 더 훌륭해지길 바란다면 그것은 잘못이다. 우리에게 닥친 이 모든 폭풍은 곧 평화로운 시간이 찾아오고 일이 잘 풀릴 것이라는 징조이다. 좋은 일이건 나쁜 일이건 영원히 지속될 수는 없는 법이니까. 나쁜 일이 오래도록 우리 곁에 머물렀으니 이제부터는 좋은 일들이 일어날 것이다. 그러니 나에게 일어난 불운에 대하여 너무 슬퍼하지 마라.

— 미겔 데 세르반테스 사아베드라, 《돈키호테》

put in (시간, 노력을) 쏟다[들이다] | come upon ~에게 닥치다[일어나다] | good 선; 좋은 것[일] | evil 악; 나쁜 것[일] | misfortune 불운, 불행 | befall (좋지 않은 일이) ~에게 일어나다

091 | 행복이 사라졌을 때

When one door of happiness closes, another opens;
but often we look so long at the closed door that we do not
see the one which has been opened for us.
— Helen Keller, *We Bereaved*

행복의 문 하나가 닫히면, 다른 문이 열린다. 하지만 우리는 닫힌 문을 너무 오랫동안 바라보느라, 우리에게 열린 다른 문을 보지 못하는 경우가 많다.
— 헬렌 켈러,《사랑하는 사람을 잃은 우리》

If you cry because the sun has gone out of your life,
your tears will prevent you from seeing the stars.
— Rabīndranāth Tagore

당신의 삶에서 태양이 사라졌다고 운다면,
그 눈물 때문에 당신은 별들을 볼 수 없게 될 것이다.
— 라빈드라나트 타고르

---

bereave (죽음이 사랑하는 가족 등을) 앗아가다, (희망, 기쁨 등을) 빼앗아가다 | **prevent** 막다, 방해하다, 방해하여 ~하지 못하게 하다

092 | 내일은 새로운 날

After all, tomorrow is another day!
— Margaret Mitchell, *Gone with the Wind*

내일은 내일의 태양이 뜬다!
— 마거릿 미첼, 《바람과 함께 사라지다》

Isn't it nice to think that tomorrow is a new day with no mistakes in it yet?
— L. M. Montgomery, *Anne of Green Gables*

내일은 아직 아무 실수도 하지 않은 새로운 날이니 그것을 생각하면 정말 멋지지 않나요?
— L. M. 몽고메리, 《빨간 머리 앤》

---

after all 결국에는; 어쨌든 | **Tomorrow is another day!** (직역) 어쨌든, 내일은 또 다른 날이니까! | **gable** 박공(측면이 삼각형으로 된 박공지붕의 양쪽 끝면에 'ㅅ' 자 모양으로 붙인 널빤지)

093 | 삶은 반딧불, 숨결, 그림자

A little while and I will be gone from among you, whither I cannot tell. From nowhere we come, into nowhere we go. What is life? It is a flash of firefly in the night. It is a breath of a buffalo in the wintertime. It is as the little shadow that runs across the grass and loses itself in the sunset.
— Chief Crowfoot, Blackfoot Indian Chief

잠시 후면 나는 여러분의 곁에서 사라질 것입니다. 어디로 가는지는 나도 알 수 없습니다. 우리는 알지 못하는 곳에서 와서, 알지 못하는 곳으로 갑니다. 삶이란 무엇일까요? 그것은 밤에 볼 수 있는 반딧불의 반짝임입니다. 그것은 겨울철 들소의 숨결입니다. 그것은 풀밭을 가로질러 달리다 석양 속에서 사라지는 작은 그림자와 같습니다.
— 추장 크로우풋, 블랙풋 인디언 추장

---

a little while 잠깐, 잠시, 짧은 동안 | **whither** (고어, 문어) 어디로, 어느 곳으로 | **flash** 섬광, 번쩍임 | **firefly** 반딧불이, 개똥벌레 | **buffalo** 버팔로, 물소, 들소 | **wintertime** 겨울철 | **chief** (종족의) 추장, 족장; (단체의) 장[우두머리]

094 | 잠시 멈추고 둘러보라

If I were asked for the most important advice I could give, that which I considered to be the most useful to the men of our century, I should simply say: in the name of God, stop a moment, cease your work, look around you.

— Lev Tolstoy, *Essays, Letters and Miscellanies*

만약 누군가 나에게 내가 줄 수 있는 가장 중요한 조언, 우리 시대의 사람들에게 가장 유용하다고 생각되는 조언이 무엇이냐고 묻는다면, 나는 단지 이렇게 말할 것입니다. 신의 이름으로 권하노니, 잠시 멈추어라, 하던 일을 중단하고, 주위를 둘러보라.

— 레프 톨스토이, 《에세이, 서한 및 기타 글》

ask for ~을 요청하다 | **century** 세기, 100년 | **should** ~할 것이다, ~하겠다 | **cease** 중단되다, 그치다 | **miscellany** 갖가지를 모아 놓은 것; 문집, 잡록

095 | 바라볼 시간이 없다면

Leisure
— William Henry Davies

What is this life if, full of care,
We have no time to stand and stare.

No time to stand beneath the boughs
And stare as long as sheep or cows.

여유
— 윌리엄 헨리 데이비스

이 삶은 무엇인가, 근심으로 가득 차
가던 길 멈춰 서서 바라볼 시간이 없다면.

나뭇가지 아래에 서서
양이나 소처럼 오랫동안 바라볼 시간이 없다면.

(계속)

---

leisure 여유, 여가 | care 근심, 걱정 | stare 응시하다, 유심히[빤히] 쳐다보다 | beneath ~ 아래[밑]에 | bough (나무의 큰) 가지

No time to see, when woods we pass,
Where squirrels hide their nuts in grass.

No time to see, in broad daylight,
Streams full of stars, like skies at night.

숲을 지날 때 다람쥐가 풀밭의 어디에
도토리를 숨기는지 바라볼 시간이 없다면.

밝은 대낮에 밤하늘처럼 별로 가득한
시냇물을 바라볼 시간이 없다면

(계속)

---

nut 나무 열매, 견과 | in broad daylight 백주 대낮에

No time to turn at Beauty's glance,*
And watch her feet, how they can dance.

No time to wait till her mouth can
Enrich that smile her eyes began.

A poor life this if, full of care,
We have no time to stand and stare.

아름다운 여인의 눈길에 발길을 돌려
그녀의 발이 어떻게 춤추는지 지켜볼 시간이 없다면.

그녀의 눈가에서 시작된 그 미소가
입술로 번지는 것을 기다릴 여유가 없다면.

이건 불쌍한 삶이네, 근심으로 가득 차
가던 길 멈춰 서서 바라볼 시간이 없다면.

glance 흘낏[횟] 봄 | *Beauty 분주한 삶 속에서 간과되는 아름다운 것들(예: 일상의 작은 행복들, 나무, 풍경, 일몰 등과 같은 자연의 아름다움) | *Beauty's glance 그런 아름다움이 우리의 관심을 끄는 짧은 순간 | enrich 풍성하게 하다, 맛, 향기, 빛깔 등을 진하게 하다

096 | 그냥 펼쳐지게 하라

Let Life Unfold
— Rainer Maria Rilke

You must not try to understand life;
then it will become like a feast.
Let each day unfold before you
like a child who, walking onward,
accepts many blossoms from every breeze.

To gather them and save them,
that doesn't occur to the child.
She gently releases them from her hair,
where they were joyfully tangled,
and holds out her hands to new ones,
towards the beloved young years.

---

feast 연회, 잔치; 향연, 축제 | unfold (접혀 있는 것을) 펴다, 펼치다 | onward 전방으로, 앞으로 | blossom 꽃(이 피다) | breeze 산들바람, 미풍 | occur to ~에게 (생각이) 떠오르다 | release ~을 풀어 주다, 놓아 주다 | joyfully 기쁘게, 즐겁게 | tangled 얽혀 있는, 엉켜 있는 | hold out (손 등을) 내밀다 | beloved 사랑스러운, 소중한

인생이 그냥 펼쳐지게 하라
— 라이너 마리아 릴케

인생을 이해하려 하지 말라;
그러면 인생이 축제처럼 변할 것이다.
매일매일이 네 앞에 펼쳐지게 하라,
앞을 향해 걸어가며 산들바람에 날려 오는
많은 꽃들을 받아들이는 아이처럼.

꽃들을 모아 간직하려는 생각은
아이에게 떠오르지 않는다.
다만 즐겁게 얽혀 있던 꽃들을
머리카락에서 부드럽게 풀어내고,
새로운 꽃들을 향해,
사랑스러운 젊은 날들을 향해 두 손을 내민다.

097 | 단순화하라

Our life is frittered away by detail. Simplicity, simplicity, simplicity! I say, let your affairs be as two or three, and not a hundred or a thousand; Simplify, simplify.

― Henry David Thoreau, *Walden*

우리의 삶은 중요하지 않은 사소한 일들에 의해 낭비된다. 단순함, 단순함, 단순함! 나는 말한다, 당신의 일들이 두세 가지가 되게 하라, 백 가지나 천 가지가 아니라; 단순화하라, 단순화하라.

― 헨리 데이비드 소로, 《월든》

fritter away (중요하지 않은 것에 돈, 시간을) 낭비하다 | **detail** (작고 덜 중요한) 세부 사항 | **simplicity** 단순함 **affair** 일, 업무

098 | 뺄 것이 없을 때까지

The ability to simplify means to eliminate the unnecessary so that the necessary may speak.
— Hans Hofmann

단순화하는 능력이란 불필요한 것을 제거하여 필요한 것이 드러나도록 하는 것이다.
— 한스 호프만

Perfection is achieved not when there is nothing more to add, but when there is nothing left to take away.
— Antoine de Saint-Exupéry

완벽함이란 더할 것이 없을 때가 아니라, 더 이상 뺄 것이 없을 때 이루어진다.
— 앙투안 드 생텍쥐페리

---

eliminate 제거하다, 삭제하다 | the unnecessary 불필요한 것(들) | the necessary 필요한 것(들) | speak 드러나다, 자신을 나타내다 | perfection 완벽, 완전; 완성, 마무리 | achieve 달성하다, 성취하다 | take away 제거하다, 치우다, 줄이다, 빼다

099 | 사랑이 그대를 부르거든

On Love
— Kahlil Gibran

When love beckons to you, follow him,
Though his ways are hard and steep.
And when his wings enfold you, yield to him,
Though the sword hidden among his pinions may wound you.
And when he speaks to you, believe in him,
Though his voice may shatter your dreams as the north wind lays waste the garden.

사랑에 대하여
— 칼릴 지브란

사랑이 그대를 부르거든 그를 따라가라.
비록 그 길이 힘들고 가파를지라도.
사랑의 날개가 그대를 감싸안거든 그에게 몸을 맡겨라.
비록 그 날개 속에 숨겨진 칼날이 그대에게 상처를 입힐지라도.
사랑이 그대에게 말하면 그를 온전히 신뢰하라.
비록 북풍이 정원을 폐허로 만들 듯 그의 목소리가 그대의 꿈을 산산조각 낼지라도.

beckon (오라고) 손짓하다, (손짓으로) 부르다 | **steep** 험준한, 가파른, 경사가 급한 | **enfold** 감싸다, 안다 | **yield** 항복[굴복]하다, 무릎을 꿇다 | **pinion** (새의) 날개 (끝부분), 깃털 | **wound** 상처[부상]를 입히다 | **believe in him** 그의 말뿐 아니라 성품, 의도, 능력 등을 포함한 그 사람 전체를 신뢰하다 | **shatter** 산산조각 내다, 파괴하다 | **lay waste (to) something** ~을 파괴하다[황폐케 하다]

Rabbi Ben Ezra
— Robert Browning

Grow old along with me!
The best is yet to be,
The last of life, for which the first was made:
Our times are in His hand
Who saith, "A whole I planned,
Youth shows but half;
trust God: see all, nor be afraid!"

랍비 벤 에즈라
— 로버트 브라우닝

함께 나이 들어 갑시다!
가장 좋은 것은 아직 오지 않았으니,
인생의 끝, 바로 그것을 위해 그 처음이 만들어졌습니다.
우리의 시간은 그분의 손안에 있습니다.
그분이 말씀하십니다, "내가 전체를 계획했노라,
청춘은 단지 그 절반만을 보여줄 뿐이다;
하나님을 믿어라: 전체를 보고, 두려워하지 말라!"

---

yet to be 아직 오지 않은. 여기에서 be는 exist의 의미 | **the last of life, the first** 문자적인 의미는 각각 '삶의 끝'과 '(삶의) 처음'이지만 문맥상 알맞은 의미는 '삶의 후반부'와 '전반부'임 | **saith** 동사 say의 3인칭 현재 단수형(says)의 옛 형태 | **but** 단지, 오직

101 | 나의 간구는 이것뿐

Riches I Hold in Light Esteem*
— Emily Brontë

Riches I hold in light esteem,
And Love I laugh to scorn;
And lust of fame was but a dream,
That vanished with the morn:

And if I pray, the only prayer
That moves my lips for me
Is, "Leave the heart that now I bear,
And give me liberty!"

Yes, as my swift days near their goal:
'Tis all that I implore;
In life and death a chainless soul,
With courage to endure.

---

*시의 제목은 본래 The Old Stoic '나이 든 스토아 철학자[철학 신봉자]' | riches (복수형) 부, 재물 | hold riches in light esteem 부를 가볍게 여기다 (참고: hold ~ in high[low] esteem ~을 높이[낮게] 평가하다) | esteem 존경, 존중; (옛 용법) (높은) 평가 | laugh to scorn 조롱하며 비웃다 (강한 조롱과 경멸을 나타내기 위한 시적인 표현) | scorn 경멸[조롱]하다, 비웃다 | lust (권세 등에 대한) 강한 열망; 정욕 | fame 명성 | but 단지, 오직 | vanish 사라지다 | morn 아침(morning), 새벽 | bear 지니다, 지탱하다, 견디다 | liberty 자유 | as ~할 때에, ~함에 따라 | swift 신속한, 빠른 | 'Tis It is의 축약형 | implore 애원하다, 간청하다 | chainless 쇠사슬에 매이지 않은, 속박 없는 | endure (곤란, 고통 등을) 견디다, 인내하다

부와 재물을 대수롭지 않게 여기노라
— 에밀리 브론테

부와 재물을 대수롭지 않게 여기노라.
사랑도 '그까짓 것' 하며 웃어넘기노라.
명예에 대한 욕망은 아침과 함께
사라지는 한낱 꿈이었을 뿐.

내가 기도한다면,
날 위해 입술을 움직이는 단 하나의 기도는
"저의 지금 이 마음 그대로 두시고
저에게 자유를 허락해주소서!"

그렇다! 화살같이 빠른 나의 삶이 종착지에 가까워질수록
내가 간구하는 것은 오직 이것뿐;
살아서나 죽어서나 견뎌낼 용기를 지닌
매이지 않은 영혼이 되게 하소서.

102 | 울지 마세요

Do Not Stand at My Grave and Weep
— Clare Harner *

Do not stand at my grave and weep.
I am not there; I do not sleep.
I am a thousand winds that blow.
I am the diamond glints on snow.
I am the sunlight on ripened grain.
I am the gentle autumn rain.

When you awaken in the morning's hush,
I am the swift uplifting rush
Of quiet birds in circling flight.
I am the soft stars that shine at night.

Do not stand at my grave and cry.
I am not there; I did not die.

---

*흔히 메리 엘리자베스 프라이(Mary Elizabeth Frye, 1995-2004)의 작품으로 알려져 있지만 사실은 클레어 하너(Clare Harner)가 1934년 The Gypsy에 Immortality(불멸, 영원한 생명)란 제목으로 발표한 시이다. | **glint** 반짝임, 섬광; 반짝거리다 | **ripen** 익다, 숙성하다 | **hush** 침묵, 고요 | **swift** 빠른, 신속한 | **uplift** 들어올리다, 높이 올리다 | **rush** 돌진, 급작스럽고 세찬 움직임

내 무덤 앞에 서서 울지 마세요
— 클레어 하너

내 무덤 앞에 서서 울지 마세요
나는 거기 없어요; 잠들지 않았으니까요.
나는 불어오는 천 개의 바람,
눈 위에서 반짝이는 다이아몬드 빛이에요.
나는 무르익은 곡식을 비추는 햇살,
부드럽게 내리는 가을비입니다.

당신이 아침의 고요함 속에 눈을 뜰 때
나는 조용히 원을 그리며 나는 새들의
빠르게 솟아오르는 세찬 움직임입니다.
나는 밤하늘에 빛나는 부드러운 별입니다.

내 무덤 앞에 서서 울지 마세요;
나는 거기 없어요; 죽지 않았으니까요.

103 | 주여, 때가 되었습니다

Autumn Day
— Rainer Maria Rilke

Lord: it is time. The summer was immense.
Lay your shadow on the sundials
and let the wind go free in the fields.

Bid the last fruits to be full;
give them two more southerly days,
to press them to ripeness and to raise
the final sweetness in the heavy wine.

Whoever has no house now will not build one anymore.
Whoever is alone now will remain so for a long time,
will stay up, read, write long letters,
and wander the boulevards, up and down,
restlessly, while the leaves are blowing.

---

immense 엄청난, 어마어마한; 굉장한, 훌륭한 | **sundial** 해시계 | **bid** 명령하다, 분부를 내리다 | **southerly** 남쪽의, 남쪽에서 불어오는, 남풍의 | **press** 압박을 가하다, 재촉하다 | **ripeness** 성숙, 원숙, 무르익음 | **heavy** (술, 음료가) 진한 | **stay up** (평소보다 늦게까지) 안 자다, 깨어 있다 | **wander** (이리저리 천천히) 거닐다, (정처 없이) 돌아다니다 | **boulevard** (도시의) 넓은 가로수 길 | **up and down** 아래위로, 이리저리 | **restlessly** 가만히 있지 못하고, 침착하지 못하게, 불안한 상태로 | **blow** (바람에) 날리다, 흩날리다

가을날

— 라이너 마리아 릴케

주여, 때가 되었습니다. 지난 여름은 참으로 찬란했습니다.
해시계 위에 당신의 그림자를 드리우시고,
들판에는 바람을 자유로이 놓아주소서.

마지막 열매들이 탐스럽게 익어가도록 명하시고
이틀만 더 남국의 날들을 허락하시어
그 열매들의 무르익음을 재촉하시고,
진한 포도주에 마지막 감미로움을 더하게 하소서.

지금 집이 없는 사람은 더 이상 집을 짓지 않을 것입니다.
지금 혼자인 사람은 오래도록 그렇게 홀로 남아
밤늦도록 깨어 있어 책을 읽고, 긴 편지를 쓸 것입니다.
그리고 낙엽이 바람에 흩날리는 날에는 불안스레
가로수길 사이를 이리저리 거닐 것입니다.

104 | 삶은 물물교환

Barter

— Sara Teasdale

Life has loveliness to sell,
All beautiful and splendid things,
Blue waves whitened on a cliff…
And children's faces looking up
Holding wonder like a cup.
Music like a curve of gold,
Scent of pine trees in the rain,
Eyes that love you, arms that hold…
Spend all you have for loveliness,
Buy it and never count the cost…
And for a breath of ecstasy
Give all you have been, or could be.

---

barter 물물 교환을 하다, 교역하다 | loveliness 사랑스러움, 아름다움 | splendid 훌륭한, 정말 멋진, 화려한 | whiten 하얗게 만들다 | scent 향기, 향내 | breath 매우 적은 양; 매우 짧은 시간 | ecstasy 황홀감, 황홀경, 환희 | all you have been, or could be 지금까지 경험한 모든 것이나 앞으로 될 수 있는 모든 것

물물교환

— 사라 티즈데일

삶은 아름다움을 팝니다,
모든 아름답고 훌륭한 것들을,
절벽에 하얗게 부서지는 푸른 파도…
컵처럼 경이로움을 가득 담고
올려다보는 아이들의 얼굴.
황금처럼 곡선으로 휘어지는 음악 소리
비오는 날의 소나무 향기
당신을 사랑하는 눈빛, 보듬어 안는 팔…
당신의 모든 소유를 팔아 아름다움을 사세요.
사고 나서는 그 값을 따지지 마시고요…
그리고 한순간의 황홀함을 위해
지금까지의 당신과 앞으로 될 수 있는 당신의 모든 것을 바치세요.

105 | 그렇게 어두운 꿈은 아니랍니다

Life

— Charlotte Brontë

Life, believe, is not a dream
So dark as sages say;
Oft a little morning rain
Foretells a pleasant day.

Sometimes there are clouds of gloom,
But these are transient all;
If the shower will make the roses bloom,
Oh, why lament its fall?

Rapidly, merrily,
Life's sunny hours flit by,
Gratefully, cheerily,
Enjoy them as they fly!

---

sage 현자, 철인; 현명한, 사려 깊은 | **oft** (시어) often | **foretell** 예고하다, 예언하다 | **gloom** 우울, 침울; 어둠침침함, 어둠 | **transient** 일시적인, 순간적인; 덧없는, 무상한 | **bloom** 꽃을 피우다, 꽃이 피다 | **lament** 슬퍼하다, 애도하다, 비탄하다 | **flit (by)** (시간이) 빨리 지나가다, 휙 스치다 | **gratefully** 감사히, 감사하는 마음을 가지고 | **cheerily** 기분 좋게, 명랑하게, 유쾌하게

인생

— 샬럿 브론테

믿으세요
인생은 현인들의 말처럼
그렇게 어두운 꿈은 아니랍니다.
아침에 내린 가벼운 비는 흔히
상쾌한 하루를 예고하지요.

때로는 암울한 구름이 끼지만
그것들은 모두 일시적인 것;
소나기가 와서 장미꽃이 핀다면
소나기 내리는 걸 왜 슬퍼하나요?

빠르고도 유쾌하게
인생의 밝은 날들은 지나가버리죠
감사하는 마음을 가지고 명랑하게
날아가는 그 시간들을 즐겨 보세요.

A Little Song of Life
— Lizette Woodworth Reese

Glad that I live am I;
That the sky is blue;
Glad for the country lanes,
And the fall of dew.

After the sun the rain;
After the rain the sun;
This is the way of life,
Till the work be done.

All that we need to do,
Be we low or high,
Is to see that we grow
Nearer the sky.

---

lane (시골에 있는 좁은) 길 | dew 이슬 | the work '삶의 여정' 혹은 '가치 있는 삶을 위한 노력' | All that we need to do is 우리가 해야할 일은 (오직) ~뿐이다 | low or high 사회적 신분이나 지위가 낮든지 높든지; 부자이든 가난하든 | see (that) (~하도록) 주의하다, 조치를 취하다

삶에 대한 작은 찬가
— 리젯 우드워스 리스

살아 있음이 기쁘고
하늘의 푸르름이 기쁘다
시골의 오솔길과
떨어지는 이슬이 기쁘다

햇살 뒤에는 비가 오고
비온 뒤엔 햇살이 난다
이것이 삶의 방식
우리의 여정이 모두 끝날 때까지

낮게 있든 높이 있든
해야 할 일은 오직
하늘에 더 가까워지도록
애쓰는 것일 뿐

107 | 매일 아침, 살아 있음의 축복

When you arise in the morning, think of what a precious privilege it is to be alive—to breathe, to think, to enjoy, to love.
— Marcus Aurelius, *Meditations*

아침에 일어날 때, 살아 있다는 것—숨 쉬고, 생각하고, 즐기고, 사랑할 수 있다는 것이 얼마나 소중한 특권인지 생각해 보라.
— 마르쿠스 아우렐리우스, 《명상록》

Write it on your heart that every day is the best day in the year.
— Ralph Waldo Emerson

마음에 새기세요, 매일매일이 일 년 중 최고의 날이라고.
— 랠프 월도 에머슨

---

arise (잠자리에서) 일어나다; 일어서다 | **precious** 귀(중)한, 소중한 | **privilege** 특권, 특혜

108 | 아침이 주는 설렘

I have always been delighted at the prospect of a new day, a fresh try, one more start, with perhaps a bit of magic waiting somewhere behind the morning.
— J. B. Priestley

아침의 뒤쪽 어딘가에서 기다리고 있을지 모를 작은 마법과 함께, 새로운 하루, 새로운 시도, 또 한 번의 시작이 찾아올 것이라는 기대감으로 인해 나는 언제나 기뻤다.
— J. B. 프리스틀리

---

delighted 아주 기뻐[즐거워]하는 | **prospect** (어떤 일이 있을) 가망[가능성]; 기대, 예상

109 | 세상은 무대, 우리는 배우

All the world's a stage,
And all the men and women merely players;
They have their exits and their entrances;
And one man in his time plays many parts,
His acts being seven ages.
— William Shakespeare, *As You Like It*

온 세상은 하나의 무대이고
모든 남녀는 단지 배우일 뿐이어서,
무대에 등장하고 또 퇴장하지요.
한 사람은 일생 동안 많은 역할을 맡는데
그의 삶은 일곱 단계로 나뉘어 펼쳐집니다.
— 윌리엄 셰익스피어, 《말괄량이 길들이기》

exit (배우의) 퇴장 | **entrance** 입장, 등장 | **part** 역할 | **act** (연극의) 막; (비유적으로) 인생의 단계 | **age** (인생의) 시기, 단계 | **seven ages** 셰익스피어가 말한 인생의 일곱 단계: 갓난아기(infant), 학동(schoolboy), 연인(lover), 병사(soldier), 현명한 어른(justice), 쇠약한 노인(pantaloon), 또 한 번의 철없음과 망각의 시기(second childishness and oblivion)

살아야 할 이유가 있다면

The mystery of human existence lies not in just staying alive, but in finding something to live for.
— Fyodor Dostoevsky, *The Brothers Karamazov*

인간 존재의 신비는 단지 살아남는 데 있는 것이 아니라, 살아갈 이유를 찾는 데 있다.
— 표도르 도스토옙스키, 《카라마조프가의 형제들》

To live is to suffer; to survive is to find some meaning in the suffering.
— Friedrich Nietzsche

산다는 것은 고통받는 것이다; 살아남는다는 것은 그 고통 속에서 의미를 찾는 것이다.
— 프리드리히 니체

He who has a why to live for can bear almost any how.
— Friedrich Nietzsche, *Twilight of the Idols*

살아야 할 이유가 있는 사람은 그 어떤 어려운 상황도 견디어낼 수 있다.
— 프리드리히 니체, 《우상의 황혼》

---

mystery 신비 | existence 존재 | lie in (사실 따위가) ~에 있다 | suffer 고통받다 | survive 살아남다, 생존하다 | why 이유, 동기 | bear 견디다, 참다 | how (삶의 도전과 어려움을 견디어내는) 방식 | can bear almost any how 거의 모든 삶의 방식을 견딜 수 있다 | twilight 황혼(기); 쇠퇴기 | idol 우상

111 | 기다려라, 희망을 가져라

Everything comes in time to him who knows how to wait. There is nothing stronger than these two: patience and time, they will do it all.
— Lev Tolstoy, *War and Peace*

기다릴 줄 아는 사람에게는 모든 것이 제때에 온다. 인내와 시간, 이 두 가지보다 강력한 것은 없다. 그 두 가지가 모든 것을 해결해줄 것이다.
— 레프 톨스토이, 《전쟁과 평화》

Never forget that until the day God will deign to reveal the future to man, all human wisdom is contained in these two words: "Wait and Hope."
— Alexandre Dumas, *The Count of Monte Cristo*

절대 잊지 말아라, 신이 인간에게 미래를 드러내 보여주기 전까지는 모든 인간의 지혜가 이 두 마디에 담겨 있음을: "기다려라 그리고 희망을 가져라."
— 알렉상드르 뒤마, 《몽테크리스토 백작》

---

in time 제때에, 늦지 않게; 결국, 마침내(는) | **patience** 인내(심), 참을성 | **deign** 황송하옵게도 ~하여 주시다 | **reveal** (숨겨져 있던 것을) 보이다, 드러내다 | **contain** 포함하다, 담고 있다 | **count** (영국 외의 나라에서) 백작 (영국의 백작은 earl)

희망이란

"Hope" is the Thing with Feathers
— Emily Dickinson

"Hope" is the thing with feathers
That perches in the soul,
And sings the tune without the words,
And never stops at all,

And sweetest in the Gale is heard;
And sore must be the storm
That could abash the little Bird
That kept so many warm.

I've heard it in the chillest land,
And on the strangest Sea;
Yet, never, in Extremity,
It asked a crumb of me.

---

perch (무엇의 꼭대기나 끝에) 걸터앉다, 자리잡다 | **tune** 곡, 곡조, 선율 | **gale** 강풍, 돌풍, 사나운 바람 | **sore** (고어·시어) 대단한, 심한; (염증, 상처 등이) 아픈, 쓰린 | **abash** 무안하게 하다, 당황하게 하다 | **extremity** 극한; 곤경, 난국 | **crumb** (빵 등의) 작은 조각, 부스러기 | Hope, Gale, Bird, Sea, Extremity 시적 강조를 위해, 각 단어에 존재감이나 무게감을 부여하는 방법으로 첫 글자를 대문자로 썼다. 한편, the Gale은 희망이 견디어내야 할 큰 시련으로서의 강한 바람을, Extremity는 극단적인 어려움이나 절망적인 상황을 나타낸다.

희망은 깃털을 가진 그것

— 에밀리 디킨슨

희망은 깃털을 가진 그것
우리의 영혼 속에 자리잡고 앉아
가사 없는 곡조를 노래하며
결코 그칠 줄을 모른다.

그 소리는 사나운 바람 속에서 가장 달콤하게 들린다;
폭풍은 매우 혹독해야만 하리라,
많은 이들을 따뜻하게 보듬는
그 작은 새를 당황케 하여 움츠러들게 하려면.

나는 가장 차가운 땅에서도,
가장 낯선 바다에서도 그 노래를 들었노라.
그럼에도 그 새는 극한 상황에서조차
내게 빵 한 조각 요구하지 않았도다.

113 | 슬퍼하거나 화내지 마세요

Should Life Deceive You
— Alexander Pushkin

Should life deceive you,
Don't be sad or angry with it!
On gloomy days, stay calm and embrace the moments;
Brighter days are sure to come.

The heart lives for tomorrow;
Today's grief will pass away.
What brings you pain and sorrow now
Will one day remain a sweet memory.

Should life deceive you 문체적인 효과를 위해 If life should deceive you에서 if를 생략하고 주어(life)와 조동사(should)를 도치시킨 것임 | **should** 가능성이 있는 사건이나 상황을 언급하기 위해 사용된 조동사(예: If you should need anything, please let me know. 혹시라도 필요한 것이 있으시면 저에게 알려주세요.) | **deceive** 속이다, 기만하다 | **gloomy** (방, 날씨 등이) 어두운, 음울한; (기분 등이) 우울한, 침울한 | **embrace** 포용하다, 껴안다; (제안 등을) 기꺼이 받아들이다 | **grief** 슬픔 | **pass away** 사라지다, 없어지다 | **remain** (~로, ~인 상태로) 남다

삶이 당신을 속일지라도
— 알렉산드르 푸쉬킨

삶이 당신을 속일지라도,
슬퍼하거나 화내지 마세요!
우울한 날엔 마음을 차분히 가라앉히고 그 순간을 받아들이세요;
더 밝은 날이 반드시 올 테니까요.

마음은 내일을 기대하며 살아갑니다;
오늘의 슬픔은 곧 지나갈 거예요.
지금 당신을 아프고 괴롭게 하는 것은
언젠가 달콤한 기억으로 남을 거예요.

114 | 상반된 삶이 공존하던 시대

It was the best of times, it was the worst of times,
it was the age of wisdom, it was the age of foolishness,
it was the epoch of belief, it was the epoch of incredulity,
it was the season of Light, it was the season of Darkness,*
it was the spring of hope, it was the winter of despair,
we had everything before us, we had nothing before us,*
we were all going direct to Heaven, we were all going direct the other way.

— Charles Dickens, *A Tale of Two Cities**

---

epoch (중요한 사건이나 변화가 일어났던) 시대 | **incredulity** 불신, 의심 많음 | **despair** 절망, 자포자기
*Light와 Darkness를 대문자로 쓴 이유는 두 도시의 극단적인 상황을 상징적으로 강조하기 위한 것이다. | ***had everything before us**는 '무한한 가능성을 지닌 밝고 희망찬 미래가 펼쳐져 있는 상황'을, **had nothing before us**는 '미래에 대한 아무런 희망이 없는 상황'을 가리킨다. | *찰스 디킨스의 소설 《두 도시 이야기》의 유명한 첫 구절로서, 18세기 후반 프랑스 혁명 시기의 모순적이고 격동적인 시대 상황을 묘사하고 있다. 특히, 런던과 파리의 극단적으로 다른 도시 상황을 대조적으로 보여줌으로써 동시대에 얼마나 상반된 삶의 경험이 가능한지 생생하게 그려내고 있다.

최고의 시절이었고, 최악의 시절이었다.
지혜의 시대였고, 어리석음의 시대였으며,
믿음의 시대였고, 불신의 시대였다.
빛의 계절이었고, 어둠의 계절이었으며,
희망의 봄이었고, 절망의 겨울이었다.
우리 앞에 모든 것이 펼쳐져 있었고,
우리 앞에는 아무것도 없었으며,
우리는 모두 천국으로 직행하고 있었고,
우리는 모두 반대 방향으로 곧장 달려가고 있었다.

— 찰스 디킨스, 《두 도시 이야기》

115 | 무지의 해악과 위험성

The evil that is in the world almost always comes of ignorance, and good intentions may do as much harm as malevolence if they lack understanding.
— Albert Camus

세상에 존재하는 악은 거의 언제나 무지에서 비롯된다. 선한 의도라도 분별력이 부족하면 나쁜 마음 못지않게 많은 해를 끼칠 수 있다.
— 알베르 카뮈

Nothing in all the world is more dangerous than sincere ignorance and conscientious stupidity.
— Martin Luther King Jr., *A Gift of Love: Sermons from Strength to Love and Other Preachings*

세상에서 진심 어린 무지와 양심적인 어리석음보다 더 위험한 것은 없습니다.
— 마틴 루터 킹 주니어, 《사랑의 선물: 힘과 사랑에 관한 설교집》

---

ignorance 무지 | intention 의도 | malevolence 악의, 나쁜 마음 | understanding 이해력, 지성, 분별 | sincere 진실된, 진심 어린, 거짓 없는 | conscientious 양심적인, 성실한 | stupidity 어리석음 | sermon 설교, 강론 | preaching 설교; 설법

116 | 침묵시켜서는 안 될 소수의 목소리

If all mankind minus one, were of one opinion, and only one person were of the contrary opinion, mankind would be no more justified in silencing that one person, than he, if he had the power, would be justified in silencing mankind.

— John Stuart Mill, *On Liberty*

만약에 한 사람을 제외한 모든 인류가 같은 의견을 가지고 있고, 단 한 사람만이 반대 의견을 가지고 있다면, 인류가 그 한 사람을 침묵시키는 것은 그 한 사람이, 만일 그에게 그런 힘이 있다고 가정할 경우, 인류를 침묵시키는 것과 마찬가지로 정당화되지 못할 것이다.

— 존 스튜어트 밀, 《자유론》

mankind 인류, (모든) 인간 | **were** be 동사의 가정법 과거형(현재 사실에 반대되는 일, 실현 불가능한 소망을 표현) | **contrary** 반대인, 정반대의 | **justify** 정당화하다, 정당성을 증명하다 | **silence** 침묵시키다 | **A is no more B than C is D.** C가 D가 아닌 것처럼 A도 B가 아니다.

117 | 불의 앞의 중립은

If you are neutral in situations of injustice, you have chosen the side of the oppressor. If an elephant has its foot on the tail of a mouse, and you say that you are neutral, the mouse will not appreciate your neutrality.
— Desmond Tutu

만일 당신이 불의한 상황에서 중립을 지킨다면, 당신은 압제자의 편을 든 것이다. 만약 코끼리가 쥐의 꼬리를 밟고 있는데 당신은 중립이라고 말한다면, 쥐는 당신의 중립을 고마워하지 않을 것이다.
— 데스몬드 투투

The hottest places in hell are reserved for those who, in times of great moral crisis, maintain their neutrality.
— Dante Alighieri

지옥의 가장 뜨거운 곳은, 커다란 도덕적 위기가 닥쳤을 때 중립을 지키는 사람들을 위해 예약되어 있다.
— 단테 알리기에리

---

neutral 중립적인 | injustice 불법, 부정(不正), 불공평 | oppressor 압제자, 박해자 | appreciate 고맙게 여기다 | neutrality 중립 (상태) | reserve 예약하다, (자리 등을) 따로 잡아 두다 | crisis 위기

118 | 행동하지 않는 죄

A person may cause evil to others not only by his actions but by his inaction, and in either case he is justly accountable to them for the injury.
— John Stuart Mill, *On Liberty*

사람은 자신의 행위뿐만 아니라 무위(아무 행위도 하지 않음)를 통해서도 다른 이들에게 해를 끼칠 수 있다. 그리고 어느 경우든 그 피해에 대해 마땅히 책임을 져야 한다.
— 존 스튜어트 밀,《자유론》

---

inaction 행동하지 않음, 무위, 아무 일도 하지 않음 | **justly** 당연히, 당연하게도 | **accountable** 책임이 있는, 설명[해명]할 의무가 있는 | **injury** 부상, 손해, 피해

119 | 악을 보고 아무것도 하지 않는다면

Silence in the face of evil is itself evil.
Not to speak is to speak.
Not to act is to act.
To do nothing when a home is burning is to do something.
It is to let the house burn.

— Robert K. Hudnut, *A Sensitive Man and the Christ*

악을 보고도 침묵하는 것은 그 자체가 악이다.
말하지 않는 것은 말하는 것이다.
행동하지 않는 것은 행동하는 것이다.
집이 불타고 있을 때 아무것도 하지 않는 것은 무언가를 하는 것이다.
그것은 집이 타버리도록 내버려두는 것이다.

— 로버트 K. 허드넛, 《섬세한 인간과 그리스도》

in the face of ~에 직면하여

I Have a Dream
— Martin Luther King Jr.

I have a dream that one day on the red hills of Georgia, the sons of former slaves and the sons of former slave owners will be able to sit down together at the table of brotherhood.

I have a dream that one day even the state of Mississippi, a state sweltering with the heat of injustice, sweltering with the heat of oppression will be transformed into an oasis of freedom and justice.

I have a dream that my four little children will one day live in a nation where they will not be judged by the color of their skin but by the content of their character. I have a dream today.

---

former 이전의 | **brotherhood** 형제애, 인류애 | **sweltering** 더위에 허덕이는, 극도로 무덥고 불편한 | **injustice** 불평등, 부당함 | **oppression** 억압, 탄압, 압제 | **transform** 변화시키다 | **content** 내용 | **character** (개인의) 성격, 인격

나에게는 꿈이 있습니다

— 마틴 루터 킹 주니어

나에게는 꿈이 있습니다. (흑인들의 피로 물든) 조지아주의 붉은 언덕에서 한때 노예였던 자들의 후손들과 노예의 주인이었던 자들의 후손들이 언젠가는 형제애의 식탁에 함께 앉을 수 있게 될 것이라는 꿈입니다.

나에게는 꿈이 있습니다. 불의의 열기로 뜨겁고 억압의 열기로 숨이 턱턱 막히는 저 미시시피주마저 언젠가는 자유와 정의의 오아시스로 변화하게 될 것이라는 꿈입니다.

나에게는 꿈이 있습니다. 나의 어린 네 자녀들이 언젠가는 그들의 피부색이 아니라 그들의 인격에 의해 평가받는 그런 나라에서 살게 될 것이라는 꿈입니다. 오늘 나에게는 꿈이 있습니다.

121 | 평화의 기도

Peace Prayer of Saint Francis
— Saint Francis of Assisi

Lord, make me an instrument of your peace:
where there is hatred, let me sow love;
where there is injury, pardon;
where there is doubt, faith;
where there is despair, hope;
where there is darkness, light;
where there is sadness, joy.

성 프란치스코의 평화의 기도
— 아시시의 성 프란치스코

주님, 저를 평화의 도구로 만들어주소서.
미움이 있는 곳에 사랑을,
상처가 있는 곳에 용서를,
의심이 있는 곳에 믿음을,
절망이 있는 곳에 희망을,
어둠이 있는 곳에 빛을,
슬픔이 있는 곳에 기쁨을 심게 해주소서.

(계속)

---

instrument 기구, 도구 | **hatred** 증오, 혐오 | **sow** (씨를) 뿌리다, 심다 | **injury** 부상, 상해; (마음의) 상처
pardon 용서하다 | **despair** 절망

O divine Master,
grant that I may not so much seek
to be consoled as to console,
to be understood as to understand,
to be loved as to love.
For it is in giving that we receive,
it is in pardoning that we are pardoned,
and it is in dying that we are born to eternal life. Amen.

오 거룩하신 주님,
위로받기보다는 위로하고,
이해받기보다는 이해하며,
사랑받기보다는 사랑하게 하여 주십시오.
우리는 줌으로써 받고,
용서함으로써 용서받으며,
죽음으로써 영생을 얻기 때문입니다. 아멘.

divine 신의, 성스러운, 거룩한 | grant (간청 등을) 허가하다, 들어주다 | not so much A as B A라기보다는 B이다 | console 위로하다, 위안을 주다 | eternal 영원한 | be born to eternal life 영생을 지닌 상태로 태어나다

영어 필사, 인생의 문장들
Timeless Lines in English:
A Journey of Words and Wisdom

초판 1쇄 발행 · 2025년 8월 28일

지은이 · 고광윤
발행인 · 이종원
발행처 · (주)도서출판 길벗
출판사 등록일 · 1990년 12월 24일
주소 · 서울시 마포구 월드컵로 10길 56(서교동)
대표 전화 · 02)332-0931 | **팩스** · 02)323-0586
홈페이지 · www.gilbut.co.kr | **이메일** · gilbut@gilbut.co.kr

책임편집 · 황지영(jyhwang@gilbut.co.kr) | **편집** · 이미현 | **마케팅** · 조승모, 이주연 | **유통혁신** · 한준희
제작 · 이준호, 손일순, 이진혁 | **영업관리** · 김명자, 심선숙, 정경화 | **독자지원** · 윤정아

디자인 · 정윤경 | **인쇄 및 제본** · 상지사

- 이 책은 저작권법의 보호를 받는 저작물로 이 책에 실린 모든 내용, 디자인, 이미지, 편집 구성은 허락 없이 복제하거나 다른 매체에 옮겨 실을 수 없습니다.
- 인공지능(AI) 기술 또는 시스템을 훈련하기 위해 이 책의 전체 내용은 물론 일부 문장도 사용하는 것을 금지합니다.
- 잘못 만든 책은 구입한 서점에서 바꿔 드립니다.

ⓒ고광윤

ISBN 979-11-407-1529-9 (03740)
(길벗 도서번호 050225)

독자의 1초를 아껴주는 정성 길벗출판사

(주)도서출판 길벗 | IT단행본, 성인어학, 교과서, 수험서, 경제경영, 교양, 자녀교육, 취미실용 www.gilbut.co.kr
길벗스쿨 | 국어학습, 수학학습, 주니어어학, 어린이단행본, 학습단행본 www.gilbutschool.co.kr